확률세일즈 법칙

확률세일즈 법칙

초판 인쇄 2024년 11월 15일
초판 발행 2024년 11월 20일

지은이 정원옥
펴낸이 이혜숙
펴낸곳 (주)스타리치북스

출판 감수 이은희
출판 책임 권대홍
출판 편집 김소라
편집디자인 스타리치북스 디자인팀

등록 2013년 6월 12일 제2013-000172호
주소 서울시 강남구 강남대로62길 3 한진빌딩 2~8층
전화 02-6969-8955

홈페이지 www.starrichbooks.co.kr
스타리치북스 블로그 www.blog.naver.com/books_han
스타리치TV www.youtube.com/@starrichTV
글로벌기업가정신협회 www.epsa.or.kr

값 16,000원
ISBN 979-11-85982-82-3 03320

확률세일즈 법칙

정원옥 지음

성공의 시간을 앞당기는
압축된 1년의 영업 법칙

StarRich
B o o k s

'확률세일즈'와 '개척 영업'이라는 주제를 가지고 강연을 한 지 벌써 10년이다. 10년이면 강산이 변한다는 옛말이 지금은 1년이면 강산이 변한다 하니 적지 않은 시간이 흘렀다.

그동안 내 삶에도 아주 많은 변화가 있었다. 오랜 시간의 영업 실패와 성공 경험을 바탕으로 영업 실용서를 쓰겠다는 굳은 마음으로 새벽마다 글을 썼고, 그렇게 해서 나온 『영업의 태풍을 만드는 확률 세일즈』는 출간과 함께 독자들의 좋은 반응을 얻었다. 영업조직을 갖춘 여러 기업에서 대량의 책 구매는 물론이고 강연 의뢰를 지속적으로 해왔다. 그렇게 바쁘게 지내던 중 한 통의 전화를 받았다.

"안녕하세요? 저희는 디오임플란트라는 회사이고, 마케팅을 담당하는 ○○○이사라고 합니다. 출판사에서 대표님 연락처를 받아 이렇게 전화를 드리게 됐습니다."

이것이 코스닥 상장사인 (주)디오임플란트와 나와의 인연의 시작이다. 2017년 9월 1일에 부산 본사 워크숍에 초대되었고, 강연이 끝난 후 회장님과 차 한잔을 하던 중 "나와 함께 일해봅시다!"라는 느닷없는 스카우트 제의를 받았다.

"회장님, 말씀은 감사합니다만 저는 줄곧 IT통신 영업을 해왔고, 임플란트의 '임' 자도 모르는 사람입니다. 그런 제가 여기서 무슨 일을 할 수 있겠습니까?"

"그런 건 중요하지 않습니다. 나는 정 대표님의 책을 다 읽었고, 내가 찾던 사람이 당신 같은 사람입니다. 그러니 나하고 같이 일을 한 번 해봅시다."

강연을 왔다가 덜컥 임플란트 상장회사에 입사하게 될 줄 그 누가 상상이나 했겠는가! 그리고 보면 인생이란 예측할 수 없는 일들이 참 많다.

이번 책 『확률세일즈 법칙』에는 (주)디오에서 일했던 경험을 상당 부분 녹여냈다. 영업으로 사회생활을 했지만, 직장생활을 해보거나 조직의 중간 관리자로 일한 적은 단 한 번도 없었기에 처음에는 회사조직에 적응이 어려웠다. 더군다나 치과를 상대로 임플란트라는 전문적인 영역의 영업을 하는 건 말처럼 쉽지 않았다. 다행인 것 하나는 현장에서 단련된 많은 시간과 '확률세일즈'로 인생의 전환점을 만들었던 성공 경험이 내 세포 속에 그대로 잠재되어 있었다는 점이다.

2017년 10월 10일 입사 후 해가 바뀌자마자 신규 치과를 매일 20

군데 개척하면서 1년 만에 최하위 지점을 최고의 지점으로 탈바꿈시켰고, 이사에서 상무로 진급했다. 그리고 서울수도권을 총괄하는 본부장까지 맡으며 치과 현장을 종횡무진 누볐다.

그래서 이 책에는 IT통신 영업을 하던 사람이 임플란트 상장회사에 와서 어떻게 1년 만에 최고의 성과를 낼 수 있었는지, 왜 '확률세일즈'가 영업 성공의 골든룰인지 가감 없는 상세한 기록을 실었다. 많은 영업인들이 확률세일즈를 이해하고 영업 패턴을 확률세일즈로 바꿈으로써 최대한 빠른 시간 안에 자신이 원하는 목표에 다다를 수 있도록 돕고 싶은 마음에서다.

영업의 성공은 '만남, 제안, 결정'으로 이루어지는 비즈니스 프로세스가 90%를 차지한다. 그 각 단계에서 해야 하는 일들이 있는데, 초보 영업자들도 쉽게 따라하여 적용할 수 있도록 다양한 경험을 예시로 현장의 이해도를 높였다.

최고의 성과를 내려면 나라는 구심점을 중심으로 영업조직이 똘똘 뭉쳐야 한다. 팀원이 나처럼은 아니더라도 적어도 나랑 비슷하게 흉내라도 냈으면 하고 바라는 관리자들이 지금도 적지 않을 것이다. 그러려면 팀원들의 마음을 얻어야 하는데 이게 그리 만만한 일이 아니다. 이런 고민에 대한 답을 주고자, 조직을 하나 되게 하기 위해 내가 관리자로서 행했던 여러 사례도 넣었다.

누군가 내게 "확률세일즈가 무엇입니까?"라고 묻는다면 이렇게 답하고 싶다.

"확률세일즈는 집밥이라고 생각합니다. 매일 먹는 집밥이 지겹다고 맛있다는 음식을 찾아다녀보지만 결국 며칠이 지나면 물리고 지겨워집니다. 그때 다시 집밥을 먹으면 어떨까요? '역시, 집밥이 최고네' 했던 기억이 있으시죠? 세상에서 가장 건강한 밥은 어머니가 해주시는 집밥입니다.

영업으로 성공하기 위한 이런저런 많은 방법들이 있는 것처럼 보이지만, 기본은 확률세일즈입니다. 그리고 롱런할 수 있는 가장 건강한 영업 방법이기도 합니다."

이 시대의 많은 영업인들이 이 책을 통해 성공의 올바른 방법을 찾기를 바란다. 그리고 좌절에 빠진 이들에게는 용기와 희망을, 꿈과 목표를 향해 힘차게 달려가고 있는 이들에게는 뒤에서 세차게 밀어주는 바람이 되기를 희망한다.

끝으로, 책이 나오기까지 전폭적인 지지를 해주신 스타리치북스의 이혜숙 대표님과 김소라 편집장님께 깊은 감사를 드린다.

"언제나 여러분을 응원합니다!"

2024년 11월 정원옥

PART

현장이라는 최고의 스승

모든 일에는 원인이 있다.

일이 잘되고 돈도 잘 벌고 성공하는 데도,

일이 안되고 돈도 제대로 못 벌고 실패하는 데도 원인이 있다.

원인을 찾고 분석하는 것은 곧 본질을 찾는 일이다.

PART 1

영업 성공의 절대 관문

01

영업 성공의 골든룰

'한 권의 책이 인생을 바꿀 수 있다'는 말에 대해 어떻게 생각하는가?

나는 이 말에 100%가 아닌 1000% 동의한다고 말하고 싶다.

제대 후 돈을 벌고 성공을 하기 위한 도구로 내가 선택한 직업은 영업이었다. 그러나 성공의 부푼 꿈을 안고 시작했건만 하는 일마다 실패가 계속되면서 10년이라는 시간 동안 단 한 번도 제대로 돈을 벌어본 적이 없었다.

그러던 어느 날, 보험회사 텔레마케팅 영업사원이 쓴 짧은 칼럼을 보게 됐다. 그 영업사원은 매일 50여 명의 사람에게 전화를 걸었고, 그렇게 해보니 확률적으로 1명 정도의 고객이 생겼다고 얘기했다. 그로 인한 평균 수입은 약 50만 원. 50만 원을 50통화로 나누어 보면 한 콜당 1만 원이라는 금액이 나온다. '아, 고객 1명에게 전화 거절을 당할 때마다 1만 원을 버는 것이구나' 생각하고 매일 50명이 라는 콜 수를 채우는 것을 목표로 영업을 했다는 것이다. 물론 그렇 게 해서 결국은 성공했다는 얘기도 빼놓지 않고 들어 있었다.

순간 머릿속이 찌릿해왔다.

'그래, 바로 이거야. 영업은 확률 게임이었어!'

영업은 확률 게임이라는 숫자의 논리가 처음으로 번뜩 다가온 것이다. 그러자 그동안 영업 관련 책에서 보았던 내용들이 조금씩 오버랩되기 시작했다.

"더 많이 만나라. 영업은 더 많이 만나는 사람이 결국 승리하는 일이다."

"열 명을 만나는 사람은 백 명을 만나는 사람을 이길 수 없다."

"한 명 만나는 것보다는 두 명이 낫고, 두 명보다는 세 명이 더 낫다."

확률에 관한 수많은 이야기가 머릿속과 가슴속에서 불을 지핀 듯 마구 피어올랐다. 작가들이 종종 말하는, 몸속 여기저기 잠자던 수많은 문장이 벌떡 일어나 살아 움직이는 순간이 바로 그런 것이 아닌가 싶다.

그렇게 나는 10년 만에 영업에 대한 통찰력을 갖게 되었고, 새롭게 시작하는 통신 영업에서 그 통찰을 실천으로 옮기리라고 마음먹었다. '확률세일즈'의 시작이었다.

보험 영업사원이 하루 50명에게 전화를 건다는 목표를 가지고 있었듯, 나는 하루 20군데를 신규 방문한다는 목표를 세우고 2009년을 출발했다. 20곳 중 적어도 1곳 정도는 나의 제안을 받아줄 고객이 있으리라는 논리를 바탕으로 설정한 목표였다.

매일 20군데를 가는 것이 쉬운 일은 아니었다. 하지만 책에서 읽었던 확률의 룰이 진실이라 굳게 믿고 열심히 실천했고, 시간이 지나면서 그 믿음은 조금씩 확인되기 시작했다. 10년 동안 단 1천만 원의 연봉도 벌지 못했는데, 확률세일즈를 실천한 지 1년이 다 되어갈 무렵 태어나 처음 월 1천만 원이라는 수입을 손에 쥔 것이다!

책을 그냥 읽는 것과 '진짜' 읽는 것의 차이는 무엇일까? 바로 작가의 글이 내 몸속에 살아 있느냐 없느냐의 차이라고 생각한다.

그렇다면 살아 있는 것과 그렇지 않은 것의 차이란 또 무엇일까? 그 글을 내 삶에 적용하여 실천하느냐 아니냐의 차이일 것이다.

읽는 것은 눈이 하는 일이지만, 진짜 읽는 것은 가슴이 하는 일이고, 적용하는 것은 발이 하는 일이다. 그동안 나는 볼 수 있는 눈만 있었지 진짜 볼 수 있는 가슴이 없었고, 재빨리 삶에 적용할 수 있는 발이 없었다.

'열 번 찍어 안 넘어가는 나무 없다'라는 말은 '열 그루의 나무를 동시에 한 번씩 찍자'라는 다짐으로 바꾸었고, 그중 움찔하는(니즈가 있는) '하나의 나무를 또다시 찍는' 실천으로 이어졌다. 그렇게 영업 패턴을 바꾸면서 내 영업 인생에 전환점이 만들어졌다.

이 책도 마찬가지다. 누구나 읽을 수는 있지만, 가슴으로 '진짜' 읽지 않는다면 당신은 확률세일즈를 적용할 수 없다. 다시 말해, 영업 성공을 향한 지름길을 두고 뺑 둘러 가게 되는 것이다.

확률세일즈가 왜 모든 영업의 골든룰인지 간단히 설명해보겠다.

영업은 '니즈'가 있는 고객을 만날 때 성공할 확률이 높은 일이다. 그런데 영업을 하는 나는 누가 나의 '회사, 아이템, 서비스'를 필요로 하는지 알 수가 없다. 하루에 한두 명의 고객을 만나서 제안해서는 '니즈' 있는 고객을 만나기가 쉽지 않다. 그런데 만약 하루에 10명, 20명, 30명, 50명, 100명을 만나서 제안을 한다면 당연히 한두 명을 만날 때보다 '니즈'가 있는 고객을 만날 확률이 아주 높아진다. 그리고 '니즈'가 있는 사람을 상대로 영업을 하기 때문에 'YES'를 얻어낼 확률 또한 당연히 높아진다.

이게 바로 확률세일즈다.

사실 확률세일즈는 우리 생활 곳곳에 널리 퍼져 있는 진리 중의 진리다. 낚싯대 1개보다는 3개, 5개, 10개를 놓고 고기를 잡는 사람이 고기를 낚을 확률이 높다. SNS 친구가 백 명, 천 명, 만 명인 사람 중에 '좋아요' 숫자가 가장 많은 사람이 누구겠는가?

이처럼 확률세일즈는 상식이 있는 사람이라면 누구나 공감할 수 있는 이야기인 것이다. 오래전 우연히 보았던 짧은 칼럼이 내게는 너무나 큰 행운을 가져다준 글이었다. 그리고 지금 한 가지 소박한 바람이 있다면 훗날 이 책이 당신에게도 가장 큰 행운으로 기억되었으면 좋겠다는 것이다.

"영업은 확률 게임이다."

02

영업이 안되는, 단 2가지의 원인

모든 일에는 원인이 있다. 일이 잘되고 돈도 잘 벌고 성공하는 데도, 일이 안되고 돈도 제대로 못 벌고 실패하는 데도 원인이 있다. 원인을 찾고 분석하는 것은 곧 본질을 찾는 일이다.

현재 성공가도에 들어섰고 성공의 원인도 정확히 알고 있다면 더 큰 성공을 향해 나아갈 수 있다. 비록 실패했더라도 그 원인을 찾았다면 성공을 향해 다시 비상할 수 있다. 영업도 마찬가지다. 영업을 하고는 있는데 돈도 벌지 못하고, 성공은커녕 지리멸렬하게 실패만 이어진다면 빨리 원인을 찾아야 한다.

수많은 문제가 있을 것 같지만, 사실 크게 두 가지로 귀결된다.

첫 번째는, 누군가를 만나서 나의 '회사, 아이템, 서비스'를 이야기하지 않는 것이다. 현재 내가 몸담은 회사의 가치와 비전이 아무리 훌륭하고 최고의 아이템과 서비스를 지향한다 한들, 고객이 그 사실을 모른다면 말짱 도루묵이다. 시장의 흐름을 바꿀 만큼 획기적인 아이템과 서비스라 할지라도 고객이 모른다면 팔리지 않는다.

영업이란, 내가 아는 그 가슴 뛰는 아이템과 서비스를 고객에게 알리는 일이다. 고객에게 정확히 전달되면 YES든 NO든 선택을 할 수 있지만, 그렇지 않다면 결코 구매로 이어지지 않는다. 고객은 천리안을 갖고 있지 않다. 제대로 정보를 전달하지 못하는 영업자는 누군가를 고객으로 만들 확률이 제로이고, 돈을 벌 확률 또한 제로가 되는 것이다.

두 번째는, '회사, 아이템, 서비스' 이야기를 하긴 하는데, 가물에 콩 나듯 하는 것이다. 영업은 '니즈'가 있는 고객을 만났을 때 성공 확률이 높다. 만나는 많은 사람들 중에 니즈가 있는 고객만 콕 짚어낼 수 있다면 좋겠지만, 그런 특별한 능력이 우리에게는 없다. 열 길 물속보다 알기 어려운 게 한 길 사람 속이다. 고작 몇 사람에게 제품과 서비스를 알려서는 니즈가 있는 고객을 만날 확률이 지극히 낮다.

그러나 몇 십 명이라면 얘기는 조금 달라지고, 몇 백 명이라면 더욱 달라진다. 만나서 알리는 사람의 숫자가 많으면 많을수록 그중에 '니즈' 있는 고객이 있을 확률도 같이 높아지기 때문이다.

따르릉~ 전화가 온다.

"안녕하세요? ○○ 영업을 하는 사람입니다. 요즘 일이 너무 안돼서 수입도 적고 몸도 마음도 힘듭니다. 죄송하지만 잠시 상담이 가능할까요?"

"네, 그렇군요. 제가 그 심정 너무 잘 압니다. 지금 많이 힘드시겠어요."

"네, 하루하루가 정말 지옥 같습니다. 이달도 끝나가는데 실적이 거의 없습니다. 더는 버티기가 힘드네요. 가족들 먹여 살리려면 대리운전이라도 해야 할 판입니다."

"음, 질문 한 가지 드려도 될까요? 이달에 몇 명에게 제안을 해보셨을까요?"

"솔직히… 거의 없습니다…"

이런 상담은 이어갈 필요가 없다. 양심이 있다면 나의 질문 속에 이미 답이 있다는 걸 스스로 알기 때문이다.

그렇다면 반대로 영업이 잘되고 돈도 많이 벌고 성공하는 이유도 있을까? 물론이다. 위의 두 가지를 해결하면 된다.

첫째, 누군가를 만나서 나의 '회사, 아이템, 서비스'를 얘기하고, 둘째, 많이 얘기하면 되는 것이다.

이렇게 간단하다고? 의구심이 들지도 모르나, 영업 성공의 본질은 딱 이것이다. '회사, 아이템, 서비스'에 문제가 없다면 말이다.

그런데 안타깝게도, 많은 영업인들이 원인을 다른 데서 찾느라 시간과 에너지를 소모한다. 하지만 이 글을 읽는 여러분은 그런 헛수고를 할 필요가 없다. 10년에 걸친 나의 영업 실패를 면밀히 분석한 결과이니 믿어도 된다. 이 사실을 알기까지 내가 얼마나 많은 눈물을 흘렸는지 안다면 아마 여러분은 눈물 나게 고마울 것이다.

혹시라도 고마움을 표시하고 싶다면, 지금 당장 나가서 고객을 만나 당신의 '회사, 아이템, 서비스'를 얘기하길 바란다. 그것도 매일매일 아주 많이 말이다.

03

골프의 도둑놈 심보를 끝낸
확률세일즈

"정 상무, 골프 모임이 있는데 게스트로 한번 올 수 있어?"

"그래요? 멤버가 어찌 됩니까?"

"한 명은 치과 원장, 한 명은 내과 원장이야. 원래 멤버 한 사람이 일이 생겨서 자리가 비었는데 정 상무 생각이 나서. 오면 치과 원장도 소개해줄게."

"아, 그래요? 네, 알겠습니다."

평소 친하게 지내는 치과 원장님이 나를 골프 모임에 초대했다. 골프 실력은 형편없지만 다른 치과 원장님을 소개해준다는 말에 영업 욕심이 생겼다.

날씨도 좋고, 멤버도 좋고, 골프만 잘 치면 된다. 스스로에게 파이팅을 외치며 화기애애하게 라운딩을 시작했다. 그러나 몇 홀 가기도 전에 나는 잔뜩 움츠러들고 말았다. 다른 멤버들의 실력이 월등히 뛰어났기 때문이다.

그러잖아도 좋지 않은 실력에 상대적인 박탈감(?)까지 더해지며 라운딩은 점점 암흑 속으로 빠져들었다. 새로운 원장을 상대로 영업을 하겠다는 생각은 온데간데없어지고, 어떻게든 오늘 골프라도 잘 쳐보고 싶었지만 맘처럼 쉽지 않았다.

마침내 라운딩이 끝났다. 1등 77, 2등 78, 3등 81, 나는 많이 배려해서 110⋯. 골프장을 나서는데, 그날처럼 골프 때문에 나 자신에게 짜증이 난 적이 없었다. 누구도 뭐라 하지 않았지만 혼자 얼굴이 화끈거렸다. 생각해서 불러준 자리에서 이 무슨 민폐란 말인가!

'골프를 친 지가 벌써 몇 년인데, 한 번이라도 진지하게 연습을 해본 적이 있었나? 골프 칠 일이 앞으로도 많을 텐데 이런 식이면 진짜 곤란하다. 골프에 확률세일즈를 해보자. 영업에만 양을 넣을 게 아니라 골프에도 양을 한번 넣어보자.'

그리고 그날 바로 연습장 등록과 함께 레슨도 신청했다.

『코리안 탱크, 최경주』라는 책을 보니 더 큰 자극이 됐다. 다른 선수들보다 늦은 나이에 골프를 시작했고 여건도 매우 어려웠지만 뚝심으로 밀어붙인 경주 형님. 그는 시작이 늦어 모든 면에서 남들보다

뒤처졌음을 스스로 잘 알고 있었기에 이를 극복하기 위해 매일 천 개의 샷을 훈련했다. 당시 여자 친구였던 지금의 아내에게 훈련 시간이 되면 그만 가라고 했을 정도였다니, 어느 정도의 열정이었을지 짐작이 간다. 그렇게 비가 오나 눈이 오나 훈련에 최대의 '양'을 넣었고, 결국은 우리나라를 대표하는 세계 최고의 골프 선수가 됐다.

경주 형님과 똑같이는 못해도 매일 영업 현장을 다니는 마음으로 3개월 동안 하루도 쉬지 않고 연습을 강행했다. 레슨도 성실히 받고 시키는 대로 열심히 연습하다 보니 시간이 지날수록 골프에 대한 자신감이 생겨났고, 그날의 악몽(?) 같던 상처도 서서히 아물기 시작했다.

필드를 나가면 티샷부터 맞을까 안 맞을까 두 근 반 세 근 반 하던 심장박동도 차츰 진정되었고, 스코어도 '백돌이'를 지나 90타, 80타도 종종 보게 됐다.(골프를 잘 치는 사람들에게는 아무것도 아닐 수 있겠지만, 나에게는 일취월장이요 감개무량한 스코어다.)

노력하지 않으면서 무엇인가 얻기를 바라는 마음을 흔히 '도둑놈 심보'라고 한다. 그동안 고객을 만나지 않으면서 영업이 잘되기를 바라는 사람을 보면 도둑놈 심보라고 했는데, 되돌아보니 연습도 제대로 하지 않으면서 골프를 잘 치기를 바라는 내가 진짜 도둑놈 심보였다.

"머리를 올리러 나갔는데, 돈 내기를 하더라. 그땐 골프 룰을 잘 모르니까 그러려니 하고 돈내기를 했지. 물론 엄청 잃었고. 그렇게 몇 번 같이 라운딩을 했는데 갈 때마다 돈을 잃으니 속이 좋을 리 있겠어? 열이 받아서 매일 연습을 했어. 그리고 시간이 될 때마다 필드를 계속 나갔지. 주로 새벽 티오프를 했는데, 그러면 출근해서 업무 보는 데 별로 지장이 없었거든. 어떤 날은 새벽, 오후 해서 하루 두 번 나간 적도 있었다. 정말 엄청 나갔어.

그런데 어느 날 머리 올려줬던 형님이 또 부르더라. 나를 완전 도시락으로 생각한 거지. 시치미 뚝 떼고 라운딩했어. 결과가 어땠는 줄 아니? 그동안 잃었던 돈 다 회복하고, 점심도 안 먹고 바쁘다고 하면서 바로 나왔어. 그 뒤로는 안 부르더라, 하하."

골프 실력이 싱글인 친한 형의 말이다.

얘기를 들으면서 머릿속에 '확률세일즈'란 단어가 휙 지나갔다. 내가 싱글이 되지 못하는 것도, 형님이 단시간에 싱글이 되고 유지가 되는 것도 결국은 골프에 '확률세일즈 법칙'을 대입했느냐 아니냐의 차이인 것이다.

골프를 잘 치는 방법도 결국은 확률세일즈다.

04

성공은 시간의 양이 아니라
질로 결정된다

"일을 시작한 지 얼마 되지 않았는데, 얼마나 오래 해야 성공할
수 있을까요?"

"음… 제가 오랜 시간 영업 현장에 있으면서 깨달은 게 있습니
다. 성공을 하는 데 물리적인 시간의 양은 전혀 중요하지 않다는 사
실이죠. 진짜 중요한 건 시간의 질입니다. 예를 한번 들어볼까요? 하
루에 한 명의 고객을 만나는 영업인이 있다고 칩시다. 하루 한 개의
경험이 쌓이겠죠. 한 달에 근무일수가 20일이라면 한 달에 20명, 1년
이면 240명의 고객을 만나서 240개의 경험이 쌓일 겁니다. 반면에
어떤 영업인은 하루에 다섯 명을 만납니다. 한 달이면 100개, 두 달

이면 200개, 세 달이면 300개의 경험과 노하우가 쌓입니다.

전자의 물리적인 시간은 1년이고, 후자는 3개월입니다. 하지만 경험치는 오히려 후자가 많아지죠. 즉, 1년이라는 시간의 '양'을 3개월이라는 시간의 '질'이 앞지르는 겁니다. 누가 더 빨리 성공할까요?"

생각보다 많은 사람들이 영업으로 성공하는 데는 시간의 양보다 질, 즉 시간의 '밀도'가 더 중요하다는 사실을 모르고 있는 것 같다. 사실 나 역시 이 사실을 깨닫기까지 10년이라는 암흑의 시간이 있었다. 그리고 지금은 이 원칙이 어디에나 통용된다고 확신한다.

내게는 20년 넘는 영업 인생 통틀어 시간의 밀도가 극히 높은 두 번의 시기가 있었다. 한 번은 IT통신 영업을 시작했던 2009년이고, 또 한 번은 (주)디오에서 임플란트 영업에 투신한 2018년이다.

제대 후 영업에 뛰어들어 10년 동안 한 달에 채 백만 원도 손에 쥐지 못하며 그야말로 비참한 삶을 살았다. 그러다가 2009년 통신영업에 새롭게 도전하면서 '하루 20군데 방문하기, 단 하루도 쉬지 않기'라는 두 가지 원칙을 세우고 확률세일즈를 시작했고, 그 1년이 인생의 대전환점이 됐다.

바로 그 시기에 물리적인 시간의 양보다 밀도 있는 시간의 질이 더 중요하다는 것을 깨달았다.

그 후 비즈니스맨, 작가, 강연자로 바쁘게 지내던 중 2017년 9월 1일에 코스닥 상장사인 (주)디오에 영업 강연을 가게 됐다. 그것이

인연이 되어 디오 회장님으로부터 스카우트 제의를 받았고, 다시 한 번 새로운 도전에 직면했다.

디오는 디지털 임플란트 전문 기업이고, 내가 맡을 업무는 영업 조직의 관리자였다. 임플란트의 '임' 자도 모르면서 치과를 상대로 영업을 하는 일에 도전하기로 결단했고, 같은 해 10월 10일에 첫 출근을 했다.(돌이켜보면 무식해서 용감했던 것 같다.)

사회에 발을 디딘 후 처음으로 겪는 조직생활이다 보니 생각보다 적응이 쉽지 않았다. 그 와중에 '낙하산'이라는 수식어를 달고 여기저기서 근거 없이 수군대는 소문들까지 견뎌야 하는 상황…. 나름 풍파를 겪으면 살아온 터라 웬만한 것에는 흔들리지 않는다고 자부했건만, 꼼짝없이 이리저리 흔들리는 갈대 신세가 되고 말았다.

'내가 여기에 온 이유가 무엇인가? 본질에 집중하자. 스스로를 증명하는 것 말고는 방법이 없다. 그렇다면 나를 증명하는 가장 빠른 방법은 뭐지? 오직 현장뿐이다. 또 한 번 확률세일즈를 해보자!'

여전히 임플란트의 '임' 자도 잘 몰랐지만 하루 20군데 신규 치과를 방문하기 시작했고, 날마다 시행착오를 겪으면서 전문성을 쌓아나갔다. 부족하고 궁금하다 싶은 것들은 지위고하를 막론하고 찾아다니며 묻고 또 물었다. 그렇게 하다 보니 어느새 다른 사람들의 시간의 양을 시간의 질로 앞지르기 시작했고, 2018년 한 해를 밀도 있게 보낸 결과 연말에는 내가 맡은 영업조직과 나의 가치가 함께 증명되었다. 그 결과 나는 상무로 진급을 했고, 서울수도권을 총괄하는 본부장까지 되었다.

2009년의 성공은 우연일 수 있다 해도, 2018년 동일한 성과를 거둔 것을 우연이라 할 수 있을까? 한 번은 우연일지라도 두 번이 우연일 수는 없다. 그 두 해는 시기도 다르고 '회사, 아이템, 서비스'도 달랐다. 다만 공통 분모는 '확률세일즈'라는 동일한 영업방식뿐이었다.

그렇다면 성공은 시간의 양이 중요한가? 질이 중요한가?

성공은 시간의 양이 아니라 시간의 질로 결정된다.

05

세일즈 패턴 vs 확률세일즈 패턴

패턴이란 일정한 루틴을 말한다. 딱히 의식하지 않아도 일정한 양식으로 행동한다면 곧 패턴화되었다고 할 수 있다.

세일즈에도 패턴이 있다. 하나는 세일즈 패턴이고, 다른 하나는 확률세일즈 패턴이다. 영업인이 고객에게 무언가를 판매하는 행위는 모두 세일즈다. 그런데 고객을 만나는 빈도가 잦고 활동량이 많다면 '확률세일즈' 패턴이고, 간간이 혹은 남들 하는 만큼 적당히(?) 활동한다면 '세일즈' 패턴이다.

세일즈에서 패턴이 중요한 이유는, 지금 어떤 패턴으로 일을 하느냐에 따라 미래의 결괏값이 확연히 달라지기 때문이다. 나는 세일즈 패턴으로 10년, 확률세일즈 패턴으로 15년 해서 총 25년간 영업을 하며 아래와 같은 임상 결과를 얻었다.

구분	세일즈 패턴	확률세일즈 패턴
주거지	다세대주택 지하 혹은 반지하	햇빛 잘 드는 쾌적한 지상 아파트
	오랜 시간 월세 거주(10~15만 원) 월세 밀려 보증금도 다 까먹음	자가로 편안히 잘살고 있음
자동차	오래된 중고차 3대 전부 폐차	편안하고 안전한 B사 세단
수입	10년간 월 100만 원 이하	34세에 억대 연봉 진입, 현재 49세
심리 상태	황폐, 자존감 바닥	평온, 근자감 충만

비교 표를 보니 어떤 생각이 드는가? 세일즈 패턴 앞에 '확률'이 붙느냐 그렇지 않느냐에 따라 이렇게 천양지차가 난다. 믿기 어렵겠지만 사실이다. 그리고 이 임상 결과는 나에게만 해당하는 것이 아니다. 많은 사례가 있지만, 그중 내가 아는 몇 명을 소개해볼까 한다.

1) (주)인카금융서비스 최연소 명예이사 정지혜 FC

2015년 『10억 연봉에 도전하는 세일즈맨이 되다』라는 책을 출간하고 영업 강연을 시작하면서 많은 사람들을 만났다. 그중에 지금도 멘토와 멘티로 잘 지내고 있는 (주)인카금융서비스 최연소 명예이사 정지혜 FC가 있다. 사범대학 유아교육과를 졸업하고 어린이집 선생님으로 보람차게 지내던 중 '아이들과 지내는 일도 너무 좋지만 내가 일한 만큼 돈을 벌고 가치도 있는 다른 일은 없을까?' 생각하던 차에 주변 권유로 화장품 세일즈를 시작하게 됐다고 한다. 나와 만날 당시는 화장품 회사에서 보험회사로 업종 전환 중이었는데, 그때 영업에 대해 이런저런 많은 얘기를 나눴다.

"화장품이든 보험이든 성공의 룰은 같아. 만나는 사람이 많으면 니즈가 있는 고객을 만날 확률이 높다. 확률세일즈를 해야 성공한다는 걸 명심, 또 명심해!"

스마트함과 열정을 겸비한 그녀는 확률세일즈 패턴을 보험 영업에 고스란히 적용하여 활동하기 시작했다. H사에 입사하자마자 매일 3~5명의 고객을 만나 시장을 개척하더니, 매월 수상에 이어 그해 연도 대상을 수상했고, 입사 10개월차에는 신인 정착 우수 사례로 사내방송 인터뷰를 하고 사보에 실리기까지 했다.

그 후 (주)인카금융서비스로 이직했고 1만 5천 명의 FC 중 상위 0.3%만 해당하는 연도 대상을 6년 연속 달성, 2023년에는 명예이사 타이틀을 거머쥐었다. 그것도 최연소로 말이다. 요즘도 가끔 만나면 늘 겸손한 자세로 환하게 웃으며 말한다.

"대표님, 제가 맛있는 거 사드릴게요. 너무 감사해요."

좋은 말은 듣기만 해도 배가 부르다고 했던가. 그녀를 만날 때 내가 꼭 그러하다.

2) 기아자동차 최고의 세일즈맨 정성만 부장

정성만 부장님과는 SNS를 통해 인연을 맺었다. 기아자동차 판매왕이고 울산에서 영업을 하며 매일 SNS에 자신의 활동을 올리는 굉장히 성실한 분이라는 정도의 정보밖에 없었지만, 온라인이기는 해도 상당히 신뢰가 갔다.

오랜 기간 온라인으로 서로 안부를 묻는 사이가 되다 보니 자연스럽게 '언젠가 꼭 한번은 만나 뵈어야겠다'는 생각을 하고 있었다. 그러다 부산에 출장을 갈 일이 있어 혹시나 하는 맘에 연락을 드렸더니 흔쾌히 부산으로 와주셨다. 드디어 실물을 영접하게 된 것이다.

"부장님, 이렇게 뵙게 돼서 영광입니다. 멀리까지 와주서서 진심으로 감사합니다."

"아이고, 아닙니다. 이렇게 만나게 되네요. 저도 반갑습니다."

온라인을 통해 쌓인 신뢰와 호감 덕분인지, 친한 형님을 오랜만에 만난 듯한 반가움 속에 자연스럽게 인생과 영업에 대한 이런저런 얘기를 나누는데 부장님의 전화가 연신 울려댄다.

"죄송해요. 급한 업무라 통화 좀 할게요."

그런데 대화가 이어질 만하면 상담 전화가 오고, 해결하고 나면 또 들어오고… 왜 '판매왕'인지 충분히 짐작할 만했다. 그런 모습을 보면서 속으로 생각했다.

'딱 봐도 확률세일즈 패턴이다. 하루에 과연 몇 명을 만나실까?'

그날은 초면이라 묻지 못하고 나중에 여쭤보니 하루 평균 세 명의 만남을 10년간 지속했다고 한다. 역시나다.

정성만 부장님의 이력은 이렇다.

- 1999년 4월 14일 기아 공채 입사
- 기아자동차 전국 판매왕 9회 수상
- 역대 최단기 그랜드마스터(누적 판매 4천 대 달성)
- 역대 8번째 그레이트마스터(누적 판매 5천 대 달성)

2024년인 올해 25년차 세일즈맨으로 지금도 왕성하게 활동 중인 정성만 부장님은 확률세일즈 패턴의 표본이라고 할 수 있다.

3) 절삭유 정제기 전문기업
(주)우리이엔 · 우리테크 윤현수 대표

기계가 작동할 때 마모를 줄이기 위해서 절삭유라는 일종의 윤활유를 사용한다. 사용된 절삭유는 폐기물로 버려지는데, 절삭유 정제기라는 장비를 사용하면 절삭유를 90% 정도 재사용할 수 있어서 환경오염을 많이 줄일 수 있다. 이 기술을 개발해서 상용화에 성공한 기업의 대표가 개인적으로 친한 형님이다.

이 형님도 아침부터 시작해 하루 보통 5~8건의 미팅을 소화하는 전형적인 확률세일즈 패턴을 따르고 있다. 한번은 형님과 하루 종일 현장 동행을 한 적이 있었는데, 여러 건의 미팅 중에도 문의 상담 전화가 끊이질 않았다.

시간에 쫓기다 보니 점심 먹을 시간이 없어서 편의점에서 산 삼각김밥으로 이동 중에 끼니를 때웠다.

"맛있는 점심을 사줘야 하는데 시간이 없어서 미안하다. 그런데 형은 자주 이렇게 먹어."

젊은 시절부터 다양한 분야의 영업을 했는데 전부 1등, 그것도 그냥 1등이 아니라 2등과 엄청난 격차가 나는 1등이었다. 그리고 그 중심에는 확률세일즈가 있었다. 단 하루의 동행만으로도 영업은 물론이고 기업가로도 성공할 수밖에 없겠구나 하는 생각이 들었다.

2016년에 확률세일즈를 소개하는 『영업의 태풍을 만드는 확률세일즈』라는 책을 냈을 때 형님은 이렇게 말했다.

"네 책을 읽으니 공감이 많이 되더라. 내가 영업을 시작할 때부터 지금까지 하고 있는 영업 패턴을 네가 그대로 했던데. 차이가 있다면 너는 그걸 글로 정리해서 사람들에게 알렸고, 나는 기억과 경험으로 혼자만 알고 있다는 거지. 우리 동생 대단해!"

이런 사례는 수도 없이 많지만, 이쯤에서 마친다.

인생에서 성공하려면 올바른 삶의 패턴을 갖추어야 하듯, 영업으로 성공하려면 올바른 영업의 패턴을 갖추어야 한다. 확률세일즈는 영업 성공의 가장 올바른 패턴이다.

06

영업 성공에 필요한
2가지 전문성

영업을 잘하기 위해서는 두 가지의 전문성이 필요하다.

첫 번째, '만남, 제안, 결정'이라는 비즈니스 프로세스에 대한 전문성

두 번째, '회사, 아이템, 서비스'에 대한 전문성

둘 다 필요하지만, 영업 성공을 100%라고 봤을 때 첫 번째가 90%, 두 번째가 10%를 차지한다고 생각한다.

'무슨 일을 하는지는 중요하지 않다. 누가 하는지가 더 중요하다'는 말이 있다. 같은 일을 하더라도 하는 사람에 따라 성과와 능률이 차이 난다는 말이다. 사과 한 알도 어떤 사람은 잘 팔고 어떤 사람

은 못 판다. 같은 브랜드 자동차를 판매하는데 탑세일즈맨은 늘 탑세일즈맨이고, 고만고만한 세일즈맨은 늘 고만고만하다. 왜 그럴까?

그건 10%를 차지하는 '회사, 아이템, 서비스'에 대한 전문성이 아니라 90%를 차지하는 '만남, 제안, 결정'이라는 비즈니스 프로세스에 대한 전문성의 차이 때문이다.

오랜 시간 영업 강연을 하면서 많은 영업인들을 만나보니 '회사, 아이템, 서비스'에 대한 전문성이 부족해서 영업이 안되는 경우는 별로 없어도, '만남, 제안, 결정'이라는 비즈니스 프로세스에 대한 전문성이 없어서 영업이 안되는 경우는 수없이 많았다.

그만큼 영업을 성공으로 이끌려면 비즈니스 프로세스에 대한 전문성이 절대적으로 중요하다. 왜 그런지 나의 구체적인 사례를 들어보겠다.

앞서 말했듯이, 나는 오랜 기간 IT통신 영업을 하다가 2017년 10월에 임플란트 전문기업인 (주)디오에 입사했다. 입사 후에야 임플란트라는 단어를 알게 됐다고 할 만큼 문외한이었음에도 다음 해부터 곧장 치과를 상대로 영업을 시작했다.

당시 내 상태를 보자면, 우선 10%에 해당하는 '회사, 아이템, 서비스'에 대한 전문성은 거의 없다시피 했다. 하지만 오랜 현장 경험으로 다진 '만남, 제안, 결정'이라는 비즈니스 프로세스에 대한 90%의 전문성은 확실히 갖추고 있었다.

1월부터 매일 20군데의 신규 치과를 영업 직원과 동행 방문하면서 수없이 거절을 당했다. 어쩌다 운 좋게 원장과 미팅할 수 있는 기회가 주어지면 '회사, 아이템, 서비스'에 대한 부족한 전문성 10%는 동행한 직원의 도움을 받아 채웠다.

그런데 문제가 하나 있었다. 기존에 일하던 직원들과 동행하면 나에게 부족한 전문성 10%에 대해 도움을 받을 수 있는데, 갓 출근한 신입사원과 동행을 할 때는 그 도움조차 받을 수가 없었다. 나도 부족한데 신입 직원들은 말해 무엇하랴. 그런 날은 비즈니스 프로세스 전문성 90%를 100%까지 끌어올려 임기응변으로 대처하면서 영업을 해나갔다. 다행히 현장에서의 시간이 누적되면서 10%에 대한 전문성이 나에게도 쌓이기 시작했다. 그렇게 점점 자신감이 붙어 '파워업'한 결과 연말에는 최고의 성과를 일구어냈다.

반면 직원들은 '회사, 아이템, 서비스'에 대한 전문성 10%가 있으면서도 영업을 어려워했다. 나는 직원들과 동행하면서 '만남, 제안, 결정'이라는 비즈니스 프로세스에 대한 전문성을 하나씩 가르쳤다. 고객을 어떤 명분으로 만나야 할지, 내 말에 귀 기울이게 하려면 어떻게 집중시켜야 할지, 어렵사리 즉석에서 미팅이 이루어졌을 때 방문 목적과 핵심 메시지를 어떻게 간명하게 전달할지, 그리고 재방문 약속을 위한 클로징 멘트는 어떤 식으로 해야 할지 등등….

이 모든 것을 현장에서 보여주고, 밖에서는 내가 왜 그렇게 말하고 행동했는지 상세하게 설명해주었다. 그렇게 계속하다 보니 직원들에게 변화가 일어나기 시작했다. 처음엔 내가 100을 했다면 시간이 갈수록 나의 몫이 조금씩 줄어들었다. 나중에는 꼭 나서야 할 상황에서만 '보조출연'을 하는 경우도 더러 생겨났다. 그때 비즈니스 프로세스에 대한 전문성도 훈련을 하면 된다는 것을 몸소 깨닫게 됐다.

기업 강연을 가면 회사의 교육 시스템이 '회사, 아이템, 서비스'에 집중되어 있는 것을 많이 본다. 성과와 성장을 위해 정작 필요한 것은 비즈니스 프로세스인 '만남, 제안, 결정'에 대한 교육인데, 그 중요성에 대한 인식이 낮은 것이다.

그런데 비즈니스 프로세스에 대한 교육을 하지 않으면 구성원들의 시행착오 시간이 길어지고, 그 시간을 건디지 못해 탈락하는 이들이 생긴다. 물론 어떤 교육을 한다 한들 남을 사람 남고 떠날 사람 떠나는 게 영업조직의 생리이긴 하지만, 조금이라도 생존 확률을 높이려면 비즈니스 프로세스 교육에 확실히 방점을 두어야 한다.

그래서 2장에서는 비즈니스 프로세스에 관해 좀 더 본격적으로 다루었다. '만남, 제안, 결정'은 아주 단순한 프로세스 같아 보이지만, 그 안에는 고객과 영업인의 결코 단순하지 않은 만남이 있다.

영업인이 '회사, 아이템, 서비스'를 제안한다고 "네, 좋네요" 하고 덥석 손을 잡는 고객은 드물다. 영업 과정에서 해야 할 일들을 제대로 하고 모든 과정이 리드미컬하게 흘러갈 때 비로소 '고객'이라는 선물을 획득할 수 있다.

쉬운 일은 아니지만, 나만 준비되어 있다면 그만큼 많은 선물을 얻을 수 있는 것이 영업이다. 자, 더 많은 선물을 얻을 수 있는 방법을 하나하나 살펴보자.

영업에서 가장 중요한 것은 고객의 '니즈'다.

니즈가 있으면 YES할 확률이 높고, 없거나 낮으면 NO할 확률이 높다.

영업 성과를 최대로 끌어올리려면

시간이라는 재료를 올바른 곳, 즉 니즈가 있는 곳에 써야 한다.

PART 2

비즈니스 프로세스

01

만남 편

● 고객이 나의 제안을 거절하기 어렵게 만드는 방법

사람들이 영업을 어려워하고 싫어하는 가장 큰 이유는 '거절' 때문이다. 나와 전혀 상관없는 사람의 거절은 그나마 나은데, 평소에 친하게 지내던 지인이 갑자기 내 연락을 안 받거나 피한다는 느낌이 들면 십중팔구 이유는 하나다. 얼마 전부터 내가 '○○영업'을 시작했다는 소식을 들은 것이다.

나는 그에게 영업할 의도가 전혀 없는데 이런 상황이 발생하면 엄청난 마음의 상처를 입고 배신감마저 든다. 바로 이런 이유 때문에 많은 사람이 영업을 기피하고 싫어한다. 20여 년 경력의 나도 거절이란 놈이 여전히 달갑지 않으니, 영업 초보에게 거절이란 무척이나 두렵고 뼈아픈 일이 아닐 수 없다.

그러나 희소식이 있다. 거절을 당하지 않을 수는 없지만, 거절 횟수를 현저히 줄일 수 있는 방법을 알려주고자 한다. 이 주제는 『영업의 태풍을 만드는 확률세일즈』에서 '순간을 가르는 힘, 명분'이라는 꼭지로 다루었는데, 그 심화 편이라고 생각하면 좋을 것 같다.

'명분'이 대체 무엇이길래 고객이 나를 거절하기 힘들게 하고, 거절당하는 횟수도 현저히 줄일 수 있단 말인가?

다음은 아홉 살 딸이 나에게 보낸 문자 메시지다.

"아빠에게

아빠, 제가 갖고 싶은 5만 원짜리 다마고치가 있었는데, 지금 생각해보니 필요 없을 거 같아서 안 살게요.

대신! 하늘문구에 있는 전자팝잇을 갖고 싶습니다. 전자팝잇은 너무 인기가 많아서 사기가 힘든데 하늘문구에 가니까 있었어요. 이건 단 한 번의 기회입니다. 누가 사기 전에 먼저 사야 돼요.

네이버에서 6만 원 정도 하는데 문구점에서는 만 원에 팔아요.

제발, 제가 효도하겠습니다. 만 원만 주십시오. 제 소원이에요.

12만 원짜리 버블티 팝잇 안 살게요.

그럼 사주는 걸로 믿겠습니다."

만약 당신이 아빠로서 이 편지를 받았다면 어떤 마음이 들겠는가? 아마도 사주고 싶은 마음이 강하게 들었을 것이다. 왜냐하면 이 편지에는 아빠가 왜 자신에게 팝잇을 사줘야 하는지 정확한 명분이 적혀 있기 때문이다.

아마도 딸아이는 "아빠, 문구점에서 파는 만 원짜리 전자팝잇 사줘"라고 하면 사주지 않으리라는 걸 알고 있었을 것이다.(현재도 집에 팝잇이 넘쳐난다는 것을 본인도 잘 알고 있기 때문에.) 그래서 고민 끝에 아빠가 거절하기 힘든 명분을 만들어서 문자로 보낸 것이다.

1. 5만 원짜리 비싼 다마고치 사지 않겠다.
2. 네이버에서는 6만 원인데 문구점에서는 만 원에 판다.(무려 5만 원이나 저렴하다.)
3. 효도하겠다. 소원이다.
4. 12만 원짜리 버블티 팝잇 안 사겠다.

누가 봐도 만 원이면 지갑을 열 만한 아주 훌륭한 가격이라는 생각이 들지 않는가? 우리 막둥이는 아빠에게 '명분'을 가지고 '영업'을 해서 거절하기 어렵게 만들었고, 덕분에 원하는 것을 성취했다.

어느 영화에서 보았던 또 다른 예를 들어보겠다. 번화한 저녁 거리에서 두 명의 나이트클럽 웨이터가 유명 연예인의 명찰을 달고 길가는 형님들한테 명함을 건넨다. 한 웨이터는 "형님, 웨이터 조○○입니다. 술 한잔 드시러 오세요" 하면서 명함을 건넨다. 반면 다른 웨이터는 "제가 나이트에서 일한 지 5년 됐는데요, 오늘 수질이 최곱니다. 형님, 오시면 책임지고 두 명은 부킹시켜 드리겠습니다. 웨이터 박○○입니다" 하며 명함을 건넨다.

만일 당신이 길을 가다 두 웨이터를 마주쳤다면 누구의 명함을 받고 싶은가? 후자일 가능성이 높다. 박○○ 웨이터는 당신이 명함을 받아야 하는 이유, 자신에게 연락을 해야 하는 정확한 명분을 전달하고 있기 때문이다.

고객에게 어프로치를 하는데 한 사람은 쉽게 거절당하지만 한 사람은 고객이 거절하기 어렵게 만든다. 이게 바로 '명분'의 힘이다. 나는 개척 영업을 시작하면서 명분이 지닌 엄청난 힘을 깨달았고, 지금도 방문 약속을 잡거나 '회사, 아이템, 서비스'를 제안하기 전에 명분을 먼저 생각한다. 내가 고객이라도 납득할 만한 명분이 정리되면 그제야 움직인다.

물론 명분이 있다고 모든 고객이 마음의 문을 활짝 열진 않는다. 하지만 거절의 횟수를 현저히 낮추고, 더 많은 기회를 만들 수 있음은 분명하다.

신규 방문이 아닌 재방문을 할 때도 마찬가지다. 만나야 할 명분이 확실하게 있다면 열 번이라도 만날 수 있지만, 명분이 없으면 한 번도 제대로 만나기 어렵다. 어떻게든 고객을 팔로업해야 하는데 이런저런 명분을 다 써서 동이 났다면 "오늘은 그냥 얼굴 한번 뵙고 싶어서 왔습니다" 하는 것도 좋은 명분이다.(아마도 고객은 픽 웃을지 모른다.)

상황에 따라 얼마든지 달라질 수는 있지만 늘 '명분'이라는 대전제는 있어야 한다. 만남, 제안, 결정에 이르는 프로세스 곳곳에 '명분'이 살아 있으면 성공의 확률이 확연히 올라간다. 영업을 잘하고 싶다면 반드시 '명분' 두 글자를 가슴 깊이 새기길 바란다.

● ATTENTION!

야구에는 투수와 포수가 있다. 알다시피 투수는 공을 던지는 사람이고, 포수는 공을 받는 사람이다. 투수는 포수를 향해 공을 던질 때 마음대로 아무 때나 던지지 않는다. 포수를 유심히 바라보며 사인을 주고받은 후 포수가 공을 받을 준비가 됐다고 확신할 때 자신 있게 공을 던진다. 그런데 만약 공 받을 준비가 전혀 안 된 포수에게 그냥 공을 던진다면 어떻게 될까? 포수는 제대로 공을 받지 못할 것이고, 놓친 공은 실점으로 이어질 수 있다.

영업에도 이 원리가 적용된다. 영업자는 투수, 고객은 포수다. 영업자가 고객에게 '회사, 아이템, 서비스'라는 공을 던질 때 가장 먼저 확인해야 할 사항은 고객이 나의 공을 받을 준비가 되어 있느냐 아니냐 여부다. 받을 준비가 전혀 안 되어 있는 고객에게 무턱대고 공을 던진다면 열심히 던져대는 내 몸만 힘들 뿐이다.

학창 시절, 영어 시간에 선생님이 교실로 들어오시면 반장이 일어나 "ATTENTION!"이라고 외친다. 그러면 학생들은 침묵하며 선생님을 주목하고, "BOW!"를 외치면 힘차게 인사를 드림과 동시에 수업이 시작된다.

마찬가지로, 영업을 할 때도 고객이 내 말에 귀를 기울일 수 있도록 ATTENTION, 즉 주목을 시키는 것이 먼저이다. 그다음에 나의 '회사, 아이템, 서비스' 이야기를 해야 한다.

"바쁘신데 이렇게 시간 내주셔서 진심으로 감사드립니다. 2분만 말씀드리고 가겠습니다. 들어보시고 도움이 된다 싶으면 취하시고, 안 된다 싶으면 그냥 버리시면 됩니다."

이건 내가 주로 고객을 'ATTENTION' 시키는 방법이다. 다들 바쁘게 살아가는 세상, 고객은 빠듯한 스케줄 가운데 나와의 미팅 시간을 겨우 냈을 수도 있다. 그런데 딱 2분만 들어달라고 하면 '2분? 짧네. 무슨 얘기를 하는지 들어나 보자' 싶을 것이다. 이럴 때 공을 던지면 된다. 나의 예를 들어보겠다.

디오의 서울 사무실에서 도보 5분 거리에 위치한 대형 치과를 키닥터(당사의 모든 솔루션을 적극적으로 사용하는 유저)로 발굴하라는 책무가 주어졌다. 사무실 부근의 매출 높은 대형 치과들을 조사하고, 명단을 작성한 후 적극적으로 고객 발굴을 시작했다. 그렇게 발산역 근처에 있는 모 치과 대표원장과 미팅을 잡았다.

"바쁘실 텐데 시간 내주셔서 감사합니다. 제가 원장님을 뵈러 온 용건을 딱 2분만 말씀드리겠습니다."

이렇게 'ATTENTION'을 시키고 공을 던지기 시작했다.

"저희 디오가 디지털 덴티스트리를 개척한 지도 10년이 넘었습니다. 다행히 시대 흐름이 아날로그에서 디지털로 바뀌고 있음을 많은 치과의원들이 인식한 덕분에 디지털 분야에서만큼은 넘버원이라는 수식어가 부끄럽지 않을 만큼 성장했습니다. 그래서 전 세계의 많은 치과 원장님들이 가장 선진화된 우리나라의 디지털 덴티스트리를 확인하고자 한국으로 오십니다.

그런데 저희 본사가 부산에 있다 보니, 인천공항으로 입국해서 부산 본사로 내려가서 디지털 치과들을 내방하여 시스템을 공부하고 다시 서울로 올라와서 인천공항을 거쳐 출국을 합니다. 이렇게 긴 동선 때문에 시간적, 물질적 손해가 만만치 않고요.

그래서 원장님의 치과를 저희 디오의 '키닥터'로 모시고자 하는데, 그렇게 되면 세 가지 큰 이점이 있습니다.

첫째, 전 세계에서 한국의 디지털 덴티스트리 시스템을 배우러 들어올 때 원장님 치과를 방문하게 됩니다. 자연스럽게 디지털 치과로서 네임 밸류를 갖게 되겠죠?

둘째, 저희는 아날로그에서 디지털 치과로 빠르게 전환할 수 있는 시스템과 노하우를 갖추고 있습니다. 고급 인력들이 도보 5분 거리에 상주하고 있으니, 필요할 때 언제든 즉각 도움을 받으실 수 있습니다.

셋째, 시장조사를 해보니 이 근처 95% 이상의 치과가 아날로그형 치과입니다. 이번 기회에 디지털로 전환을 한다면 지역 내 '온리원' 디지털 치과가 될 수 있습니다."

짧게 말씀드리고 가겠다고 하니 내 공을 받을 준비가 됐고, 이런 상태에서 정확한 명분을 전달했다. 미팅 시간은 2분에서 20분으로 늘었고, 그 후 여러 차례 추가 미팅을 통해 매출이 가장 높은 해당 치과를 키닥터로 유치하는 데 성공할 수 있었다.

예전에 유아교육 전문기업에 영업 교육을 자주 갔는데, 이런 기업들의 영업 방식은 아파트 단지 같은 곳에 파라솔을 펴고 오가는 아이 엄마들을 상대로 '캠페인'이라는 개척 영업을 하는 것이다. 그때 교육했던 'ATTENTION'의 예다.

영업사원이 아이를 안고 가는 어머니에게 전단지를 전달한다.

"어머니, 안녕하세요. 저는 ○○교육에서 나왔어요. 전단지 하나

드릴게요. 이거 꼭 한번 읽어보세요" 하며 썩 내켜 하지 않는 고객의 표정을 무시하고 전단지를 기어코 손에 쥐여준다.(물론 이 전단지는 머지않아 쓰레기통에 버려질 확률이 아주 높다.)

또 다른 영업사원은 이렇게 얘기를 한다.

"어머니, 품에 안고 계신 자녀분이 천재라는 걸 아십니까?"

지나가려던 고객은 '이게 무슨 소리지?' 하며 영업사원을 쳐다본다. ATTENTION이 된 것이다.

"아, 잘 모르시는 것 같네요. 이 아이는 사실 천재예요. 안타깝게도 많은 부모님이 이 사실을 모르셔서 아이가 천재가 될 수 있는 중요한 교육 시기를 놓칩니다. 다행인 것은 상위 1% 부모님은 이 사실을 알고 어릴 때부터 조기교육을 시킨다는 사실이죠. 그렇게 자라난 아이들이 우리가 다 아는 에디슨, 아인슈타인 같은 인물이 되는 겁니다. 어머님도 에디슨, 아인슈타인 같은 상위 1% 자녀의 부모님이 되어보시지 않겠습니까?"

이곳을 지나는 중이라면 누구의 명함과 전단지를 받을지 예상되지 않는가?

'회사, 아이템, 서비스'는 달라도 영업의 패턴은 같다. 공을 던지기 전에 고객이 공을 받을 수 있게 반드시 ATTENTION을 먼저 시켜라. 그런 다음에는 임팩트 있게 공(명분)을 던져라. 유능한 투수는 공을 막무가내로 던지지 않는다.

● 미러 이론

─────────

고객을 만나서 제안을 하는데, 반응이 영 시큰둥하다. 전혀 집중하지 않는 것 같고, 멍하니 딴 곳을 바라보거나 가끔은 지겨운 듯 하품까지 한다.

'내가 뭘 잘못 얘기했나? 예상했던 반응이 아닌데… 어떻게 말을 해야 하지? 어디까지 했더라….'

영업을 하는 사람이라면 이런 경험이 누구나 있을 것이다. 영업을 막 시작한 사람이라면 더더욱 자주 맞닥뜨리는 일이다. 이런 상황이 생기면, 미팅 전에 품었던 열정과 확신은 고객의 싸늘한 냉기에 습격당해 싹 사라지고 만다.

이런 미팅은 "생각해보고 연락드리겠습니다"라는 고객의 영혼 없는 답으로 끝난다. 물론 "관심 없습니다"라는 뜻이다.

'미러 이론'이라는 것이 있다. 말 그대로 거울 이론이다. 거울 속의 나는 내가 웃으면 웃고 내가 울면 똑같이 운다. 그런데 이 거울 이론이 영업자와 고객 사이에도 적용된다는 사실을 아는가?

고객과 미팅을 하는데, 반응이 앞의 상황과 비슷하다. 만사 귀찮은 듯한 표정과 말투로 '할 테면 해봐라, 얼마나 잘하나 한번 보자'는 식이다. 그런데 영업자는 그런 반응에 아랑곳하지 않는다. 오히려 자기가 왜 고객을 만나러 왔는지, 그 고객이 자기를 만나야 하는 이유가 무엇인지 흔들림 없이 설명을 이어간다. 열정을 가지고 또박 또박 자기 할 말을 한다.

그렇게 얼마간의 시간이 흐르자, 고객의 행동에 조금씩 변화가 생기기 시작한다. 꼬았던 다리를 서서히 풀고, 반쯤 풀렸던 눈에 초점이 잡힌다. 당장이라도 잠들 듯 의자에 반쯤 기대어 있던 등을 곧게 세우더니, 급기야 의자를 바짝 당기며 귀를 쫑긋 세운다. 고객이 영업자의 거울이 된 것이다.

어쩌면 그 고객은 대충 시간이나 때울 요량으로 처음부터 거절할 마음을 먹고 있었는지도 모른다. 그런데 영업자의 전문성과 일관성 있고 열의 넘치는 태도에 자신도 모르게 태도가 바뀐 것이다. 이게 바로 영업의 '미러 이론'이다.

나도 그동안 현장에서 고객의 거울이 된 적도 있고, 고객이 나의 거울이 되게 한 적도 있다. 둘 중 어느 경우가 더 많은지 묻는다면, 단연코 후자이다. 현장에서 눈앞에 보이는 고객의 반응보다 나의 태도가 훨씬 중요하다는 것을 깨달은 후부터, 후자의 경우가 부쩍 많아진 것이다.

고객에게 도움이 될 솔루션을 가지고 있다는 자부심, 나를 거절하면 고객이 손해라는 자신감, 그 누구보다 확실한 전문성을 갖추고 고객을 케어할 수 있다는 확신. 그 모든 것이 내 마음에서 비롯되며, 올바른 태도로 당당히 미팅을 리드하다 보면 고객이 나의 거울이 되게 할 수 있다.

물론 고객이 나의 거울이 되었다고 해서 모두가 YES를 하지는 않는다. 그러나 한 가지 확실한 건, 고객이 나의 거울이 되게 하면 그렇지 않은 경우보다 YES를 끄집어낼 확률이 현저히 높아진다는 것이다.

오늘도 현장으로 나서는 당신은 누가 누구의 거울이 되게 할 것인가? 물론, 선택은 각자의 몫이다.

● 고객의 마음을 옥토밭으로 만드는 방법

치과는 이미 사용 중인 제품과 서비스가 있다. 특별히 불편함이 없다면 굳이 기존의 제품과 서비스 대신 새로운 것을 선택할 이유가 없다. 그런데 나는 이런 고객들을 상대로 날마다 새로운 '회사, 아이템, 서비스'를 제안해서 사용할 수 있게 영업을 해야 한다. 그러자면 일단 대화의 물꼬를 터서 치과 진료 트렌드가 디지털로 전환되고 있다는 변화를 인지시키고, 소비자(환자)의 '니즈'가 디지털 진료에 있다는 사실을 알려야 한다.

그렇게 하려면 가장 먼저 해야 할 일이 뭘까? 바로 '공감과 경청'이다.

어떤 사람이 사교 모임에 갔다. 처음 만나는 사람과 이런저런 이야기를 나눈다. 한 사람은 현재 자신이 관심을 갖고 있는 것에 대해서 끊임없이 말하고, 다른 사람은 그 이야기를 진지하게 들으며 중간중간 얘기한다.

"아, 그래요?", "음, 진짜요?", "오, 정말 멋진데요."

그러자 한참이나 이야기를 쏟아내던 사람이 말한다.

"제 이야기를 이렇게 진지하게 들어줘서 감사합니다. 그런데 무슨 일을 하는 분이시죠?"

"네, 저는 ○○영업을 하는 사람입니다."

카네기의 『인간관계론』에 나오는 한 대목이다. 요지는 사람이란 자신의 이야기에 관심을 가지고 듣고 공감하는 사람에게 마음의 문을 연다는 것이다.

오래된 유저로 잘나가는 대형 치과가 있었는데, 업무상 오해가 발생했다. 담당자 선에서 처리하지 못해 지점장까지 나섰으나, 결국 최종 관리 책임자인 내가 대표원장을 만나야 하는 상황에 이르렀다. 일면식도 없었지만 일이 더 커지기 전에 오해는 풀어야겠기에 열 일 제치고 치과를 찾았다.

"원장님, 안녕하세요? 정원옥 상무라고 합니다. 좋은 일로 찾아뵈어야 하는데, 이런 일로 뵙게 돼서 무척 송구합니다."

"당신이 관리 책임잡니까?"

대표원장님은 그동안 쌓였던 여러 불만을 쏟아내기 시작했다.

"네, 그러셨군요. 본의 아니게 정말 죄송하게 됐습니다. 제가 원장님 입장이었어도 충분히 그러고도 남았을 겁니다…."

답변을 하는 중간중간 고개를 끄덕이면서 경청하고 공감을 해나가는데 "이번에 확실하게 정리합시다"라는 냉랭한 말과 함께 그는 진료실로 사라졌다.

대화로 오해를 풀어보려 했건만 더 난감해지고 말았다. 어떻게 해야 하나 고민하던 중 대표원장님이 골프를 좋아한다는 사실을 알게 됐고, 며칠 후 "회원권이 있는데 골프 한번 치러 가시지요"라고 조심스럽게 제안했다. 다행히 거절하지 않아서 라운딩을 할 기회를 얻었다.

얼굴을 붉힌 후 처음 보는 자리라 어색한 분위기였지만, 좋은 풍경을 보며 맑은 공기를 함께 마시니 점차 기분이 풀렸다. 라운딩 내내 이런저런 대화를 나누면서, 지금 알고 있는 것이 오해라는 사실도 넌지시 내비쳤다. 그렇게 라운딩을 끝내고 저녁 자리에서 소주도 한잔 나누다 보니 어느새 오해는 풀렸고, 그 뒤로도 좋은 관계는 계속 유지됐다.

특별히 한 것은 없었다. 다만 고객이 불만을 토로할 때 공감하고 경청하면서, 할 수 있는 최선의 일들을 했을 뿐이다.

"듣고 보니 원장님 말씀이 맞는 것 같습니다. 아마 저였어도 같은 생각을 했을 겁니다."

현장에서 가장 많이 했던 말 중 하나다. 영업자가 자신의 이야기에 적극적으로 공감한다고 느낄 때, 고객은 마음의 문을 열 확률이 높아진다. 그러면 다음 단계로 자연스럽게 넘어갈 수 있다.

영업은 말을 많이 해야 하는 직업이지만, 고객이 스스로 많은 말을 하게끔 만드는 직업이기도 하다. 고객이 말하는 동안 영업자는 몸과 마음을 모두 고객 쪽으로 기울여 공감하고, 적극적인 경청을 표현하면 된다. 그러고 나면 나에게도 말할 수 있는 기회가 주어진다.

공감과 경청으로 먼저 고객의 마음을 옥토밭으로 만들고, 그 위에 영업의 씨를 뿌려라. 같은 씨라도 돌밭, 자갈밭보다 옥토밭에 뿌린 씨가 훨씬 더 풍성한 열매를 맺는다.

● 영업의 중심

오랜 시간 영업 현장에 있다 보니 자연스럽게 생긴 습관이 하나 있다.

'내가 만약 고객이라면, 내가 영업하는 회사, 아이템, 서비스를 이용할까?', '내가 만약 고객이라면, 지금 내가 하는 이 말을 이해할 수 있을까?', '내가 만약 고객이라면, 나 같은 영업인과 거래를 할까?' 등등의 질문을 끊임없이 스스로에게 던져보는 것이다.

어느 날 친형과 커피를 마시는데 내게 이런 말을 했다.

"내가 왜 과거에 돈을 못 벌고 성공하지 못했는지 곰곰이 생각을 해봤다. 답을 찾았는데, 그때는 고객을 전혀 생각하지 않았어. 그냥 어떻게든 나만 돈 벌 궁리를 했고, 수단과 방법을 가리지 않고 고객에게 물건만 팔면 그뿐이라고 생각했어. 가장 먼저 고려해야 하는 고객, 그리고 그 고객에게 이득을 주는 제품과 서비스를 판매해야 한다는 생각이 빠져 있었던 거지. 그런데 지금은 완전히 바뀌었다.

1. 경쟁력 있는 제품과 서비스를 찾아서 시장에 판매하고 고객에게 이득을 줘라.

2. 열정을 다해 판매할 수 있도록 판매자에게 합리적인 보상을 해라.

3. 1, 2번이 만족되면 다음에는 자연스럽게 나의 만족으로 이어진다.

이게 지금 내가 생각하는 영업의 순서야."

들고 보니 너무도 공감이 됐다. 과거나 지금이나 똑같이 고객을 상대로 영업을 하는데 그 중심에 고객이 있느냐 없느냐, 고객의 입장에서 생각하느냐 내 입장에서 생각하느냐에 따라 결과는 천지차이가 나게 된 것이다.(물론 형님은 지금은 잘나간다)

결국 영업의 모든 답은 고객이 가지고 있는 것이고, 그렇다면 고객의 입장에서 사고하는 것은 영업 성공에 너무나 중요한 부분이 아닐 수 없다.

언젠가 어느 식당에 들렀더니 북적대는 손님들 사이로 글귀가 하나 붙어 있었다.

"우리 가족이 먹는 음식이라는 마음을 가지고 천연 조미료만 사용해 정성으로 조리합니다."

실제로 먹어 보니 음식이 정갈하고 짜지도 달지도 않은 적당한 조미에 신선한 재료를 쓴 흔적이 여기저기 많이 보인다. 글귀 그대로다.

눈으로 직접 보지는 않았지만 아마도 식당 주인은 자신의 어린 자녀들이 "엄마, 밥 줘. 배고파!" 하면 따로 음식을 해주는 것이 아니라 손님상에 내놓으려던 그 음식을 그대로 퍼서 줄 수 있다는 마음으로 조리를 했을 것이다.

엄마가 아이를 위하듯 고객을 생각하며 만든 음식을 파는 곳에 손님이 북적대는 건 어찌 보면 당연한 결과다. 이런 게 바로 고객의 입장에서 생각하는 좋은 영업인의 자세다.

"글을 쓸 때 대표님의 책을 읽는 독자 입장을 생각하면서 써보세요. 경험과 노하우를 공유하는 것은 좋은 일인데, 독자를 고려하지 않으면 팔리는 책을 만들기 쉽지 않습니다. 우리에게는 책을 사서 읽어줄 독자가 필요하다는 사실을 잊지 마세요."

출판사가 내게 해준 얘기도 같은 맥락이다. 내가 전달하고 싶은 영업의 철학과 마인드, 경험과 노하우가 아무리 좋다 한들 읽어줄 독자가 없다면 무슨 소용이 있겠는가. 물론, 작가가 독자가 읽고 싶은 글만 써야 한다는 것은 아니다. 그러나 독자의 입장을 생각하면서 글을 쓸 때 더 많은 사람이 이해하고 공감할 만한 좋은 글이 나올 수 있다.

영업에는 중심이 있다. 그것은 영업인도 아니고, '회사, 아이템, 서비스'도 아니다. 바로 당신 눈앞에 있는 '고객'이다.

당신이 취급하는 '회사, 아이템, 서비스'에 대해 '내가 고객이라면?'이라는 여러 질문을 던지고 고객의 입장에서 답을 해보라. 'YES' 할 수 있다면 이제 할 일은 하나다.

"당장 고객에게 달려가세요!"

02

제안 편

● 영업의 2가지 언어

영업에는 두 개의 언어가 있다. 하나는 고객의 언어이고, 다른 하나는 영업인의 언어이다. 둘 중 어느 언어를 사용하느냐에 따라 영업의 성과는 현저히 달라진다.

열심히 영업을 하는데 성과가 낮다면, 고객을 만나서 내가 사용하는 언어가 고객의 언어인지 자신의 언어인지 먼저 점검해볼 필요가 있다. 영업인은 당연히 자기가 몸담은 회사가 제공하는 아이템과 서비스를 꿰뚫고 있어야 한다. 그래야 확신과 자신감이 생기기 때문이다. 그런데 더 중요한 것은 그것을 고객에게도 정확히 알려야 한다는 사실이다.

영업자가 제아무리 열과 성을 다해 '회사, 아이템, 서비스'를 설명한들, 고객이 '이 사람 지금 무슨 소리를 하는 거지?'라는 생각이 든다면 결과는 빤하다. 뭐라고 하는지 이해를 해야 YES든 NO든 선택을 할 텐데, 그렇지 못하면 100% NO를 선택할 수밖에 없다.

가끔 자기 지식을 자랑이라도 하듯 고객 앞에서 전문적인 용어를 남발하는 영업인들이 있다. 나쁜 건 아니지만, 눈앞에 있는 고객이 이해를 하지 못한다면 바보 같은 짓이다. 그런 용어를 사용한다고 해서 나를 전문성을 갖춘 사람으로 보는 고객은 없다. 고객은 전문적인 내용을 잘 이해할 수 있게끔 고객의 언어로 바꾸어 말해주는 사람을 신뢰하고, 전문성 있다고 느낀다.

그렇다면 어떻게 해야 고객의 언어를 사용할 수 있을까? 간단하다. 눈높이를 고객에게 맞추면 된다.

대부분의 고객은 영업인보다 '회사, 아이템, 서비스'에 대한 전문지식이 부족하다. 간혹 영업인에 준하는 지식이 있는 고객을 만날 때를 대비해서 만반의 준비가 되어 있어야겠지만, 사실 90% 이상은 영업인보다 모르는 게 당연한 일이다. 그러므로 '어떻게 하면 최대한 쉽게 이해시킬 수 있을까?'를 연구하고 고민해야 한다.

현장에서 사용하는 언어의 중요성을 깨달은 후부터 지금까지 나는 고객의 언어를 쓰기 위해 노력한다. 특히나 개척 영업을 하면서 약속하지 않은 만남, 당황하는 고객, 짧은 미팅 시간 등 순발력이 필수인 상황을 두루 겪다 보니 고객의 언어를 사용하는 데 익숙해졌다. 그래선지 "처음 듣는 내용인데도 내용이 귀에 쏙쏙 박힌다"는 소리를 자주 들었고, 덕분에 영업 성공의 단맛도 많이 보았다.

실례를 들어보겠다. IT통신 영업을 할 때 만나는 고객 대부분은 총무, 회계 담당자들이었다. 상당수가 여성분들이었는데 '통신'이라는 용어 자체를 '머리 아픈 것'으로 인식했고 뭔가를 새로 바꾸는 걸 부담스러워했다. 그래서 최대한 짧은 시간에 이해를 시켜 "어라? 이거 괜찮은 것 같은데요!" 하는 반응을 이끌어내야 했다.

"자, 예를 들자면 현재 사용하시는 인터넷은 화장실 하나를 여러 집이 같이 사용하는 일종의 공중화장실이라고 생각하면 됩니다. 그러다 보니 누군가 오래 쓰면 느려지고, 많이 쓰면 끊어지는 현상이 생기고요. 그런데 제가 지금 제안하는 것은 이곳에 별도로 화장실을 새로 만들어 드리겠다는 겁니다. 나만 사용하는 전용 화장실이 생기는 거죠. 그럼 느려지고 끊어지는 일이 거의 발생하지 않겠지요? 그리고 혹 발생한다 하더라도 빠른 조치가 가능합니다. 얼마나 편하겠습니까?"

어떤가? 이해하기 어려운 내용이 있는가? 이것이 내가 사용한 고객의 언어이다.

또 다른 예를 들어보겠다. 디오에서 열심히 디지털 임플란트를 홍보하고 영업할 때이다.

"아날로그 임플란트는 우선 잇몸을 찢습니다. 그러다 보니 첫째, 통증이 생깁니다. 둘째, 피가 많이 납니다. 셋째, 회복 기간이 오래 걸립니다. 그런데 디지털 임플란트는 그렇지 않습니다. 복강경 수술 아시죠? 그것처럼 임플란트도 이제 필요한 곳에만 구멍을 뚫어서 할 수가 있습니다. 잇몸을 찢지 않으니 일단 통증이 거의 없습니다. 피도 거의 나지 않습니다. 그리고 회복이 금방 됩니다.

아날로그 임플란트 VS 디지털 임플란트. 둘 중에 어떤 걸로 수술하시겠습니까?"

당신이 임플란트 상담을 받는데 이런 얘기를 들었다면 어떤 쪽을 택하겠는가?

바로 이런 것이 고객의 언어이다. 내가 알고 있는 좋은 정보와 지식을 고객의 눈높이에 맞는 언어로 설명한다면 영업 성공의 확률은 훨씬 높아진다. 나만 아는 언어로 고객을 헷갈리게 하지 말자.

프로는 고객의 언어를 쓰고, 아마추어는 자신의 언어를 쓴다.

● 영업인의 말에 무게를 싣는 방법

고객에게 제안을 할 때 영업인의 말에 무게를 실으려면 반드시 필요한 게 있다. 바로 말을 뒷받침할 수 있는 '사회적 근거'다. 근거 자료를 함께 보여주면 영업인의 말에는 자연스레 힘이 실린다.

가볍게 던지는 말이라도 근거가 제시되면 무겁게 전달되지만, 아무리 진중한 말을 하더라도 뒷받침할 수 있는 근거가 없다면 깃털보다 가벼워서 아무런 임팩트도 주지 못한다. 그래서 영업인은 고객이 궁금해할 만한 것들에 답이 되는 객관적 자료를 수집하는 습관을 들여야 한다.

논리적인 근거 자료는 하나하나가 성능 좋은 영업 무기이므로, 현장에 나갈 때 든든한 심적 여유가 생긴다. 나는 영업 직원들에게 이렇게 논리적 단계를 밟아 근거를 제시해주었다.

1. 치아 손실로 인한 고통으로 많은 환자들이 치과를 찾는다. 그런데 치과에 대한 소비자 인식 조사를 해보면 가장 먼저 떠오르는 것이 치료에 따르는 '고통'이다. 고통에 대한 두려움 때문에 차일피일 미루다 병을 키우는 경우가 허다하다. 그런데 그중 가장 큰 원인이 바로 아날로그 임플란트 수술 방식이다.

2. 아날로그 임플란트 수술은 많은 통증과 다량의 출혈을 수반하고, 정상적인 식생활을 회복하기까지 긴 시간이 걸린다. 이 때문에 부정적인 인식이 높다. 하지만 디지털 시스템이

접목되면서 획기적인 변화가 생겼다. 디지털 임플란트 수술은 절개를 하기 않기 때문에 통증과 출혈이 적고 회복도 매우 빠르다. 수술 후 바로 일상으로 복귀할 수 있을 만큼 치료가 쉽고 간단하다.

3. 디오는 이러한 디지털 임플란트 분야의 넘버원 회사로서, 최고의 기술과 서비스를 보유하고 있다. 아날로그 기반의 치과 진료 시스템을 신속하고 안전한 디지털 기반으로 전환하는 데 선구적인 역할을 하고 있다.

4. 그러나 새로운 시스템이나 서비스가 시장에 나오면 당연히 저항이 있기 마련이다. 수십 년간 아날로그 진료 시스템을 사용해온 치과를 상대로 디지털 진료 시스템을 도입하게 만드는 것이 우리의 일이다. 우리의 타깃은 치과이고 치과의사는 임상가이자 전문가이다. 이들을 상대로 영업하려면 사전에 매우 철저한 준비가 필요하다. 납득할 만한 근거가 없다면 현재의 진료 시스템을 굳이 새로운 시스템으로 바꾸는 모험을 할 필요가 없기 때문이다.

그래서 나는 다음과 같은 확실한 근거를 끊임없이 업데이트하여 제시할 것을 요구했다.

1. 고객의 '니즈'가 디지털 진료에 있다는 객관적인 통계자료

2. 디지털 진료 후 시술자 입장의 임상 예후

3. 임플란트 수술 후 환자의 직접적인 피드백

4. 내원 환자 상담 시 필요한 상담 가이드

내가 잘하는 것도 중요하지만 조직원이 잘하는 것이 더 중요하기 때문에, 현장에서 근거 자료를 가지고 상담하는 것을 직접 보여주었고, 사내에서 교육을 할 때도 자주 받는 질문에 대한 효과적인 답안들을 일일이 제시해가며 교육했다.

"이런 자료들은 마케팅 부서에서 준비해서 알려줘야 하는 거 아닙니까? 왜 상무님이 직접 다 하십니까?"

"일을 잘하기 위한 준비에 내 일 네 일이 어디 있어? 현장을 제일 잘 아는 건 우리야. 잔말 말고 싹 프린트해서 바인더에 정리해서 갖고 다녀. 말로만 하는 영업은 소용없으니까."

말로만 하는 영업은 허공에 발길질하는 것과 같다. 반드시 내 말을 뒷받침할 근거들이 있어야 한다. 근거 없이 고객을 설득하려 드는 것은 무딘 칼날을 하염없이 휘두르는 것과 다르지 않다. 잘 드는 날카로운 칼로 승부하고 싶다면, 반드시 설득의 근거를 갖춰라.

● 시뮬레이션과 플랜 A, B, C

"오늘 동행할 치과 얘기 좀 해봐."

"네, 상무님. 제 지역에서 꽤 대형 치과고 환자가 아주 많은 곳입니다. 갈 때마다 데스크에서 거절을 당했는데, 6개월을 꾸준히 갔더니 실장님이 감동하셨는지 대표원장님하고 미팅을 잡아주시겠다고 해서 오늘 1시에 뵙기로 했습니다."

들어보니 영업사원은 대표원장을 한 번도 본 적이 없다. 신규 개척을 해야 하는 대형 치과에 어렵사리 약속은 잡았으나 혼자 가기는 부담이 돼서 내게 동행을 요청한 것이다. 이럴 때는 치과의 규모, 출신 학교, 연배, 현재 사용 중인 임플란트 시스템 등에 대한 정보를 듣고 첫 미팅에서 어떻게 어텐션을 시켜야 할지, 무엇을 얘기할지, 마무리는 어떻게 할지 등에 관한 플랜을 세우면 된다.

"여기는 무슨 일 때문에 같이 가야 하냐?"

"재고가 거의 소진돼서 추가 계약을 해야 한다고 말씀을 드렸는데 계약을 안 하세요. 왜 그러시는지 정확히 말씀도 없으시고…. 상무님도 대표원장님 잘 아시니까 간만에 얼굴도 뵐 겸 한번 가주셨으면 합니다."

"평상시에 A/S나 C/S에 문제가 있었던 건 아니고?"

"아닙니다. 이틀에 한 번은 꼭 들렀고, 반품이나 교환 요청 온 것도 바로바로 해결해 드렸습니다. 담당 실장이나 스태프들하고도 친하게 지내서 딱히 문제는 없었습니다."

오래된 유저이고 대표원장님과 나 역시 간간이 안부를 묻는 좋은 관계를 유지하고 있는 곳인데, 재고 소진이 됐음에도 재계약을 하지 않는 것은 분명 뭔가 문제가 있다는 거다. 담당 영업사원이 무슨 실수를 했나? 아니면 타사로 교체를 준비하고 있는 걸까? 혹은 이번 계약에 다른 요구사항이 있는 것일까? 여러 가지 상황에 대해 시뮬레이션을 하고 그에 따른 플랜을 준비해서 동행 미팅을 한다.

시뮬레이션의 사전적 의미는 '현상이나 사건을 가상으로 수행시켜 실제 상황의 결과를 예측하는 것'이다. 영업은 사람과 사람 사이에 이루어지는 것이기에 여러 가지 돌발 변수가 얼마든지 생길 수 있다. 굉장히 긍정적이던 고객이 클로징 단계에서 예상과 달리 거절을 할 수도 있고, 부정적이고 회의적이던 고객이 갑자기 YES를 할 수도 있다. 어떤 상황이 연출될지 모르기 때문에 고객과 미팅 전에 시뮬레이션을 통해 여러 상황을 예측해보고 그에 따른 대응 또한 준비해둬야 한다.

"오늘 계약되는 거니?"

"네, 견적서 다 드렸고 굉장히 긍정적입니다. 오늘 가면 100% 계약됩니다. 걱정 마십시오!"

"그래? 한 가지 묻자. 대표원장이 비용 부담 때문에 어렵다고 하면 어떻게 할 거니? 타사랑 비교를 해봤더니 저쪽 품질이 더 좋은 것 같아서 우리랑 안 하겠다면? 지금 당장은 어렵고 몇 달 후에 하자고 하면 또 어쩌고?"

"계약이 될 텐데, 그런 걸 왜 생각해야 합니까?"

"세상에 100%라는 건 없어. 예상대로 되면 좋겠지만 그렇지 않을 확률도 얼마든지 있는 거야. 여러 상황이 생길 수 있다고 가정하고 플랜 A, B, C를 준비해 가면 그럴 때 당황하지 않고 바로 대응할 수가 있지. 항상 YES만 생각하지 말고 다양하게 시뮬레이션을 해보는 습관을 들이고 일을 해야 더 좋은 성과를 낼 수 있어."

전쟁에 대비한 군사훈련이나 화재에 대비한 소방훈련은 만약의 경우를 상정하여 미리 준비하는 것이다. 유사시에 당황하지 않고 매뉴얼대로 대응하여 피해를 최소화하기 위한 이런 훈련처럼, 영업도 YES가 아닌 NO에 대한 대비가 상시 필요하다. 그렇지 않으면 결코 현명하게 대처할 수가 없다.

유비무환이라지 않는가. 영업에서는 시뮬레이션을 통한 플랜 A, B, C가 있으면 걱정을 크게 덜 수 있다. 아주 드문 경우를 빼고는, 내 경험상 대부분 미리 짜놓은 플랜 A, B, C를 크게 벗어나지 않는다. 세상에 미리 대비해서 나쁠 건 없다.

● 과일 중에 가장 비싼 과일

과일을 사려고 가게에 들렀는데 사장님이 직원과 나누는 대화 소리가 들린다.

"과일 중에 제일 비싼 과일이 뭔지 아니? 싼데 맛없는 거야. 왜냐, 그런 건 전부 버려야 되거든. 그래서 과일은 비싸도 맛있는 게 최고야!"

과일을 사는 이유는 맛있게 먹기 위해서다. 아무리 싸다고 해도 맛이 없다면 살 이유가 없다. 가격보다 본질적 가치인 맛이 우선하기 때문이다.

1억이라는 거액을 주고 어떤 물건을 구매했다고 치자. 그런데 실제로 사용하다 보니 2억, 3억의 값어치를 한다. 그렇다면 구매 비용 1억은 비싼 것인가, 싼 것인가? 당연히 후자이다.

거한 점심을 먹고 싶어 맛집을 찾아갔다. 인터넷 블로그에서는 대단한 맛집인 양 써놓았는데 막상 가보니 맛도 서비스도 엉망이다. 2만 원을 내고 나오는데, 이럴 줄 알았으면 늘 가는 백반집에서 만 원짜리 밥을 사 먹을 걸 싶다. 이럴 때 2만 원은 참 비싸다.

고객은 돈을 지불하고 가치를 구매한다. 시장에 가면 몇 만 원짜리 가방이 널렸는데 수백 만 원을 호가하는 명품 가방을 사러 긴 줄이 늘어서고, 2~3천만 원 하는 국산 차보다 억대의 고급 수입차를 구입하려는 사람도 많다.

다들 자신이 원하는 가치를 충족하기 위한 구매를 하는 것이다. 가치를 충족해서 만족감이 크다면 설령 큰 비용을 지불하더라도 그다지 비싸게 느껴지지 않는다. 하지만 만족감이 떨어지는 구매라면 적은 돈을 지불해도 비싼 듯 느낀다. 요즘 흔히 쓰는 '가성비'라는 표현이 딱 들어맞는다. 가격 대비 가치가 높을 때 바로 가성비가 높다고 하는 것이다.

친한 원장님이 있는데 음악을 좋아해서 원장실에 좋은 음향시스템을 갖춰놓았다. 가끔 차를 마시러 가면 음악을 틀어주는데, 그곳에서 처음 음악을 들었을 때의 감동을 지금도 잊을 수가 없다.

분명 여러 악기가 섞여 소리가 나는데, 어찌 된 일인지 악기 하나하나의 소리가 또렷이 들리는 게 아닌가? 난생처음 하는 경험이라 정말 신기했다. 알고 보니 세계적인 음향회사인 뱅앤올룹슨의 스피커라고 했다. 시스템을 갖추는 데 웬만한 자동차 한 대 값이 들었고, 오래되긴 했어도 지금까지 너무 만족한다며 극찬을 했다. 구매 비용이 적지 않았으나, 나 역시 이런 시스템을 갖고 싶다는 욕구가 새록새록 일었다.

한번은 억대가 넘는 임플란트 시스템을 판 적이 있다. 웬만한 치과는 구매 여력이 없으니 대형 치과를 타깃으로 했는데, 대형 치과들조차 선뜻 구매하기는 쉽지 않은 금액이라 시장 개척에 애를 먹었다.

다행히 타깃이 될 만한 신규 치과를 찾아 대표원장과 여러 번 식사 미팅을 하며 신뢰를 형성했다. 그리고 적당한 시점에 구체적으로 제안을 했다. 물론 '가치'를 먼저 설명했다.

"듣다 보니 괜찮은 시스템인 것 같습니다. 그런데 도입하는 데 얼마나 드나요?"

"네, ○○원 정도입니다."

"허, 그렇게 비싼가요?"

"원장님, 만약 1억을 들여서 2억, 3억의 수익이 나도 비싸다고 할 수 있을까요? 시스템 도입 초기 비용이 부담되는 것은 십분 이해합니다만, 더 중요한 건 이 시스템으로 앞으로 얼마나 많은 매출과 수익을 낼 수 있는가 하는 점입니다. 말씀드렸다시피, 원장님께서 저희 시스템을 도입하시면 이 주변 치과에는 추가 영업을 하지 않을 겁니다. 그러면 원장님 치과가 이 솔루션을 사용하는 유일한 치과가 되는 거지요."

결론은 해피엔딩이었다. 가격을 먼저 말했다면 지레 염려할 수 있었겠지만, 가치를 충분히 전달한 후 가격 이야기를 했기에 좋은 결과를 이루었다고 생각한다.

가치가 먼저 전달되면, 가격의 허들을 낮출 수 있다.

● 옆집 엄마를 활용하는 영업 방법

'호일러의 법칙'이라는 게 있다. 하버드 경영대학원 호일러 교수가 고객과 미팅할 때 효율성을 높일 수 있는 방법을 연구해서 발표한 이론이다. 이론이라고는 하지만, 알고 보면 아주 간단하다.

쉬운 예를 들어보자. 엄마가 자상하고 조용한 목소리로 아이에게 말한다.

"얘야, 공부에는 다 때가 있단다. 지금 열심히 공부를 해야 앞으로 원하고 꿈꾸는 일들을 전부 하면서 살아갈 수가 있어. 그러니 게임도 줄이고 노는 것도 줄이고 학원도 열심히 다녀야 한단다."

물론 아이를 위한 엄마의 진심이 담뿍 담긴 말이다. 하지만 아이는 이 말을 객관적으로 받아들이지 않는다. '내가 열심히 공부하면 엄마가 좋은 거겠지' 생각하며 그저 잔소리로 받아들인다.

그런데 만일 옆집 아줌마가 똑같은 얘기를 하면 아이는 어떻게 반응할까? 아이는 내가 열심히 공부한다고 옆집 아줌마한테 득 될 게 아무것도 없다는 걸 잘 알고 있다. 그래서 그분의 말씀은 진심으로 자기를 위한 것이란 생각이 든다. 다시 말해, 객관적으로 받아들인다. 애들이 자기 엄마 말은 안 듣고 옆집 엄마 말은 듣는다는 우스갯소리에 다 근거가 있는 것이다.

왜일까? 사람은 나와 직접적인 관계가 있는 사람의 이야기에는 다분히 주관적으로 반응한다. 그러나 아무런 상관이 없는 사람, 더구나 자기보다 더 나은 위치에 있다고 느끼는 사람의 얘기에는 객관적으로 반응하는 심리가 있다는 것이다. 이런 심리를 이해하고 제3자를 활용해서 영업을 하면 훨씬 더 효율을 높일 수 있다는 게 바로 호일러의 법칙이다.

"○○치과 원장님 아시죠? 몇 달 전에 저희 디지털 시스템으로 전부 교체하셨습니다. 아날로그에서 디지털로 전환하는 과정에서 이런저런 애로사항이 있기는 했습니다만, 원장님과 스태프들이 어차피 넘어야 할 산이라 생각하고 잘 따라주신 덕에 지금은 완전히 적응하셨고요. 직원 만족도와 진료의 질이 상승하니 자연스레 환자도 늘고, 현재는 매출도 꽤 상승했습니다. 원장님도 언젠가는 디지털로 전환을 하셔야 할 텐데, 궁금하시면 연락하셔서 직접 한번 확인해보셔도 좋고요."

내가 현장에서 많이 이용했던 호일러 법칙의 예다.

영업인이 자기 회사 제품과 서비스가 좋다고 하는 건 당연한 일이므로, 고객 입장에서는 다분히 주관적으로 들릴 수 있다. 그러나 제3자를 활용하여 제품과 서비스의 우수성을 전달하면, 받아들이는 태도가 많이 달라진다. 그 제3자의 사회적 위치나 전문성이 더 높다면 임팩트는 더욱 강력하다.

그런데 여기서 제3자가 반드시 사람일 필요는 없다. 고객을 이해시킬 수 있는 책이나 자료 혹은 영상일 수도 있다.

어느 날 '어떻게 하면 디지털 임플란트를 시장에 잘 알릴 수 있을까?' 고민하다 잠이 들었는데 꿈속에서 좋은 아이디어가 떠올랐다. 다음 날 출근하자마자 마케팅팀에 전화를 걸었다.

"부장님, 디지털 임플란트를 알릴 수 있는 좋은 아이디어가 하나 떠올랐어요. 강남역이나 서울역 앞 광장 같은 인구 이동이 많은 곳에서 우리 영업 직원이 전부 회사의 제품이 그려진 티셔츠를 입고 앙케트를 해보면 어떨까요? 당신이 임플란트를 해야 한다면 아날로그와 디지털 중에 어떤 방식을 택하겠느냐 질문하고 선택하는 쪽에 별을 붙이게 하는 거죠. 아이스크림도 산처럼 쌓아놓고 별 붙이는 사람들에게 나눠주고요. 디지털 임플란트를 각인시킬 수 있는 좋은 기회가 될 것 같은데요."

마케팅팀에서 아이디어를 보다 구체화하다 보니 의료회사가 자사의 특정 제품을 홍보하는 것은 문제가 될 수 있어서, 설문조사 업체에 의뢰해서 여의도와 청계산 입구에서 앙케트하는 것으로 변경했다. '임플란트 시술 방식에 따른 소비자 인식 조사'를 실시했고, 객관적인 데이터가 만들어졌다. 물론 이렇게 얻은 데이터는 영업에 큰 도움이 되었다.

호일러의 법칙은 영업조직을 관리하는 데도 널리 쓰인다. 영업조직을 갖춘 회사들은 월, 분기, 연도 등의 시상식을 통해 조직 전체에 동기 부여를 하는데, 그럴 때 외부 강사를 초빙하는 경우가 많다. 내부가 아닌 외부 강사를 초빙하는 이유는 옆집 엄마 말을 듣는 아이의 심리가 여기에도 적용되기 때문이다.

나 역시 여러 회사에 초대되어 '확률세일즈'와 '개척 영업'을 주제로 강연을 한다. '영업은 니즈가 있는 고객을 만났을 때 성공 확률이 높아지는 일입니다. 그런데 누가 니즈가 있는지 알 수가 없기 때문에 많은 사람을 만나야 합니다'라는 게 내가 전하는 메시지다.

영업 성공의 기본이 되는 내용으로, 그동안 사내에서도 충분한 교육이 이루어졌을 법하다. 그런데 대동소이한 내용이어도 나와 관련 있는 사람이 아니라 외부에서 온 사람이 강연을 하면 듣는 사람의 자세가 확 달라진다. 그래서 외부 강사를 활용하는 것이다.

결론은 영업 성공 확률을 높이려면 제3자를 적극적으로 활용하라는 것이다. 그리고 제3자는 노련한 전문가나 사회적 지위가 높은 사람일수록 좋고, 꼭 사람이 아니어도 된다.

명심하자. 고객은 옆집 아줌마 말을 더 잘 듣는 아이와 같다.

● 스토리텔링의 마법

누구나 전래동화를 읽고 들으며 자란다. 내용은 각기 달라도 대개 "옛날 옛적에…"로 시작해서 좋은 교훈과 함께 "행복하게 잘 살았답니다"로 끝이 난다. 거기서 거기 같은데 아이들은 매일 이야기를 읽어달라고 조르고 귀를 쫑긋 세우고 듣는다.

그런데 이야기는 아이들만 좋아하는 게 아니다. 어른들도 눈빛이 반짝인다. 바로 '스토리텔링'의 마법이다. 이야기는 인류 문명의 원천이라고 하니, 재미있는 이야기에 끌리는 건 모든 사람의 본성이다. 이런 이야기의 힘을 영업에 적용하면 더 좋은 성과를 낼 수 있다.

"제가 얼마 전에 점심을 먹으려고 설렁탕집에 갔습니다. 음식을 주문하고 잠시 화장실에 가서 볼일을 보는데, 소변기 위쪽에 무슨 종이가 붙어 있는 거예요. 자세히 보니 그 가게의 가스비 영수증이었어요. 그런데 가스비가 자그마치 천만 원 가까이 되더라고요. 이게 진짠가 싶어 깜짝 놀랐습니다.

테이블로 돌아와 보니 그사이에 가게 안에 손님이 가득 찼어요. 설렁탕이 나왔는데, 국물부터가 예사롭지 않더군요. 정말 진하고 정성이 느껴지는 맛이었습니다. 잘 먹고 나오면서 카운터에 계신 사장님께 물었죠.

'사장님, 소변기에 가스비 영수증이 있던데 직접 붙여놓으신 건가요?'

'네, 제가 붙였죠. 저희는 진짜 뼈를 하루 종일 고아서 국물을 내는데, 어느 날 손님들이 드시면서 그러는 거예요. 요새 국물 맛을 진하게 내려고 뭘 타고 그런다는데 여기도 그런 거 아니냐…. 양심껏 정성껏 만든 음식을 두고 그런 오해를 받으니 너무 화가 나대요. 그래서 이걸 어떻게 증명할까 고민하다가 가스비 영수증을 거기 붙여놓게 된 겁니다. 그러고 나니 엉뚱한 오해를 하는 분도 없으시고, 손님도 많이 늘었습니다.'

저는 사장님의 얘기를 들으면서 마케팅의 귀재라는 생각이 들었습니다. 진한 국물을 내기 위해 가스비가 많이 드는 가게가 어디 한둘이겠습니까? 그런데 이렇게 영수증을 붙여놓는 곳은 거의 없단 말이죠. 이처럼 마케팅은 아주 별난 것을 해야 하는 게 아닙니다. 같은 것을 다르게, 특별하게 보이게 하는 것. 그것이 마케팅이라고 생각합니다.

저희 회사의 솔루션을 도입하시면, 같은 것을 달라 보이게 할 수 있습니다. 그리고 특별해 보이게 할 수 있습니다!"

치과 원장님들을 상대로 세미나 영업을 하면서 내가 사용했던 스토리텔링이다. 이렇듯 생생한 스토리텔링을 활용하면 전래동화처럼 해피엔딩에 다다르는 길이 훨씬 더 평탄해진다.

"상무님, 이렇게 진행하시면 치과 쪽 반응이 좋지요?"

세미나 도중에 느닷없이 이렇게 물어오는 원장님도 있다. 왜 그런 질문을 하시느냐고 하니 "나라도 지금 당장 사용하고 싶어서"란다. 당연히 계약으로 이어진다.

또 어떤 날은 나에게 전공이 뭐냐고 물어보기도 한다. 마케팅을 전공했다고 평범한 답을 했는데 이런 반응이 돌아온다.

"세미나 많이 다녀봤는데, 이렇게 재미있고 쏙쏙 이해되는 경우는 처음입니다. 솔루션도 아주 좋아 보이지만, 상무님의 인간적인 매력이 더 느껴지네요."

이런 것이 곧 스토리텔링의 마법이다.

"나 오늘 진짜 황당한 일이 있었잖아. 글쎄…."

무슨 얘기가 이어질지 궁금하지 않은가? 이야기를 좋아하는 건 인간의 본능이다. 고객의 성향과 상황에 맞는 스토리를 찾아 이야기를 해보자. 단, 전래동화처럼 쉽고 재미있고 상상하기 좋고 해피엔딩이어야 한다.

결정 편

● 'NO' 하는 고객은 고마운 고객이다

영업의 마지막 단계는 '결정' 이다. 고객을 만나 '회사, 아이템, 서비스'를 제안한 후 마무리를 하는 단계이다. 서로에게 황금보다 아까운 시간을 할애했으니, 고객이 될 것인지 아닌지에 대한 답을 요구하고 들어야 한다.

보통 마무리 단계에 이르면 고객을 이렇게 구분한다.

1. YES 하는 사람- A

2. 니즈가 있는 것 같기는 하나 긍정적이지도 부정적이지도 않은 사람(일명 가망 고객)- B

3. NO 하는 사람- C

그런데 나는 이렇게 구분한다.

1. Y/N 의사 표시를 명확히 하는 사람- A
2. 명확한 의사 표시를 하지 않고 시간을 끄는 사람- C

보통의 영업인은 '의사 표시가 불분명한 사람'을 B(가망고객)로 분류하지만, 나는 그런 고객들을 C로 분류한다. 그리고 거절 의사를 명확히 밝히는 고객은 A 분류에 넣는다. 여기에는 두 가지 이유가 있다.

첫째, 영업은 시간이라는 재료를 사용하는 일인데 고객이 명확하게 'NO'라는 의사를 표했다면 이제 다른 곳에 시간을 쓸 수 있으니 오히려 고마운 일이다.

둘째, 명확한 의사 표시를 하지 않으면서 고객이 될 듯 말 듯 '희망 고문'을 하는 것은 다른 고객에게 할애할 시간을 뺏는 일이다. 따라서 피하는 게 상책이다.

영업에서 가장 중요한 것은 고객의 '니즈'다. 니즈가 있으면 YES할 확률이 높고, 없거나 낮으면 NO할 확률이 높다. 영업 성과를 최대로 끌어올리려면 시간이라는 재료를 올바른 곳, 즉 니즈가 있는 곳에 써야 한다. 고객이 'NO'라는 명확한 의사 표시를 했다는 것은 니즈가 없다는 뜻이다. 이런 고객한테는 외려 감사해야 한다. 시간을 질질 끌지 않고 즉답해준 덕분에 니즈가 있는 다른 곳에 내 시간을 사용할 수 있도록 도와줬기 때문이다.

반면 명확한 의사 표시 없이 계속 시간만 끄는 고객이 있다. 방문이나 전화를 하면 늘 반갑게 맞아주고 "아, 제안해주신 내용은 참 좋은데요…"라고 하면서 정작 결정을 하지는 않는다. 명확한 결정 없이 계속 시간이 흐르다 보면, 나중엔 쏟아부은 시간과 정성이 아까워서라도 반드시 YES를 받아내고야 말겠다는 오기가 생긴다.

하지만 이런 고객은 가망 고객이 아닌 거절 고객으로 분류하고 패스하는 게 맞다. 신규 개척을 하거나 YES를 한 고객에게 새로운 고객을 소개받을 수 있는 내 소중한 시간이 잠식당하고 있기 때문이다.

'결정' 단계에 이르면 이런 구분이 빨라야 한다. YES 고객은 팔로업하고, NO 고객은 다음을 기약하며 정중히 인사하면 된다. 가장 주의해야 할 고객은 앞의 일반적인 구분 중 B에 속하는 이들이다.

어느 치과 대표원장과 미팅을 했고, 반응 또한 괜찮았다. '명분'을 납득시켰고, '니즈'도 분명히 있어 보였다. 하지만 솔루션이 아무리 좋아도 대표원장 혼자 뚝딱 결정할 수 있는 일이 아니기에 여러 차례 미팅을 거듭하면서 의견을 좁혀갔다. 보통은 이렇게 하면서 결정의 단계에 이른다.

한동안 서로 바쁜 시간을 쪼개어 미팅을 하며 여러 질문과 대답을 주고받았다. 디지털 전환이라는 치과 진료 트렌드에도 전적으로 공감하고 동의했는데도, 도무지 YES인지 NO인지 결정이 내려지질 않는다. 도입을 하겠다는 것도 아니고 안 하겠다는 것도 아닌 애매한 상태가 지속된다. 결국, 이런 결론에 다다랐다.

'아, 이 원장은 거절을 잘 못하는 사람이구나. 그동안 여러 번 미팅한 게 미안해서 또 만나고 했던 거지 아직은 때가 아니구먼.'

그는 일반적인 분류에서는 B(가망 고객) 같았지만, 나의 분류에 따르면 시간만 끄는 C였던 것이다. 상황 판단을 끝내자 나는 미련 없이 패스했다. 현장에는 이런 고객이 제법 많다는 사실을 알아야 한다. 정말 가망 고객인지 내 시간만 소모하고 있는 건 아닌지 냉정한 판단을 해야 한다. 그리고 판단이 섰다면 즉각 돌아서자. 그래야 내 시간을 올바른 곳에 쓸 수 있다.

● 고객의 진심은 클로징에서 나타난다

세상만사에는 시작과 끝이 있다. 태어남이 있으면 죽음이 있고, 꽃도 피면 지고, 해도 달도 떠오르면 기운다.

영업도 만남이 있으면 정리의 단계가 있다. 고객이 되어 계속 만남을 이어가든 다음을 약속하며 헤어지든, '결정'의 때가 온다. 이럴 때 나는 이런 말을 건넨다.

"일에는 시작이 있으면 끝이 있잖아요. 안 하셔도 되니 결정은 부탁드립니다."

시작을 했으니 종지부를 찍는 것이다. 불특정 다수를 대상으로 영업을 할 때도, 특정 소수를 상대로 영업을 할 때도 이렇게 클로징을 했다. 차이가 있다면 전자의 경우에는 과감히 뒤돌아보지 않고 나왔다면, 후자의 경우에는 여지를 두고 나왔다는 점이다.

클로징 단계의 어려움을 호소하는 직원들에게는 이렇게 하라고 스피치 교육을 시켰다.

"저희가 제안하는 모든 상품과 서비스가 원장님과 맞을 수는 없습니다. 그런데 저희는 끊임없이 R&D에 투자하고 있고, 조만간 아주 획기적인 신상품이 출시될 예정입니다. 그 상품이 나오면 또 한 번 뵈러 오겠습니다."

"저는 이 지역을 맡고 있는 영업사원입니다. 거절하셔도, 제가 하는 일은 이렇게 매일 저희 회사의 제품과 서비스를 소개하는 겁니다. 저에게 오지 말라고 하시는 건 회사를 관두라는 얘기와 같습니다. 거절하시는 건 좋지만, 오지 말라는 얘기는 하지 말아주세요.

치과에 도움이 될 만한 좋은 상품이나 정보가 있으면 또 찾아뵙겠습니다. 감사합니다!"

고객에게 뭔가를 제안했다면, 비록 거절당하더라도 반드시 끝을 맺는 영업 습관이 중요하다. 클로징을 하고 안 하고가 영업 성과에 엄청난 차이를 만들어내기 때문이다.

　A영업인은 이번 달에 100명의 고객에게 제안을 했다. 그런데 결정 단계의 요구, 즉 클로징을 20명에게만 했다. B영업인은 이번 달 20명의 고객에게 제안을 했고 그들 모두에게 클로징을 했다.

　결과는 어떨까? 두 사람 모두 20명만 영업 성과로 이어진다. A영업인이 B영업인보다 훨씬 더 많은 고객을 만나 제안을 했지만, 클로징하지 않은 80명은 결실로 이어지지 않기 때문이다. 반드시 '클로징'을 해야 하는 이유가 여기에 있다. '한 번 얘기했으면 됐지, 그 정도면 다 이해했겠지'라는 건 영업인의 착각에 불과하다. 고객은 내가 제안한 '회사, 아이템, 서비스'를 세세히 기억하지 못한다. 어쩌면 50%도 이해하지 못했을 수 있다.

　그런데 "안 하셔도 되니 결정은 부탁드립니다"라고 하면 "아, 맞다. 제가 깜빡했네요. 정확히 무슨 내용이었죠?"라고 되물을 수도 있고, 내가 얘기했던 내용을 복기할 기회가 생길 수도 있는 것이다.

　설령 그렇게 해서 거절을 당해도, 다시 한 번 제안할 기회를 얻었다는 것이 중요하다. 당장은 아니어도 고객의 마음이 언제 변해서 다시 연락이 올지는 아무도 모르니까. A영업인이 이런 식으로 나머지 80명 모두에게 클로징을 했다면 어땠을까? 다른 건 몰라도 20명보다는 80명 가운데 니즈 있는 고객이 더 많았을 것이다.

　고객의 니즈는 클로징을 했을 때만 확실히 구분된다. 서론, 본론에서는 반기는 듯해도 막상 "자, 이제 계약하시죠" 하면 거절이든 수락이든 진심을 말할 수밖에 없다. 결론에서 거짓말을 할 수는 없을 테니 말이다. 그러니 반드시 클로징을 해야 고객의 속마음을 확인할 수가 있다.

봄에 열심히 씨를 뿌린 농부는 씨앗이 잘 자라고 있는지 유심히 관찰하고 정성을 다해 보살핀다. 모든 씨앗이 좋은 결실을 맺으면 좋지만, 그럴 수 없다는 것을 농부는 잘 안다. 하지만 모든 밭에 똑같이 지극한 마음과 노력을 쏟는다. 어느 씨앗이 크고 튼튼한 과실이 될지 모르기 때문이다.

그렇듯 영업인도 내가 제안한 고객 한 명 한 명에게 클로징을 해야 한다. 누구에게 니즈가 있을지 클로징을 해보지 않으면 결코 알 수 없다. 고객의 진심은 클로징에서 나타난다는 사실을 잊지 말기를.

● 숫자만이 진실이다

기업은 경영성과보고를 한다. 1년 중 3개월마다 4번의 분기 마감, 상반기와 하반기 2번의 중간 마감, 이 모두를 합쳐 한 해 동안 얼마의 매출을 올렸고 어디에 얼마의 비용을 썼는지 그리고 비용을 제하고 순이익이 얼마 남았는지에 대한 연 마감 최종 결산보고를 한다. 모든 것은 숫자로 표기되고, 사람들은 그 숫자를 통해 1년 동안 기업의 경영이 잘 이루어졌는지 판단한다. 특히 상장회사의 결산보고 숫자는 주가에 즉각적인 영향을 미친다.

영업도 마찬가지다. 나란 사람의 실력은 실적 숫자로 평가되고, 실적은 수입 숫자로 환산된다. 따라서 평소 숫자 관리를 잘하는 사람이 영업도 잘한다.

숫자에는 두 가지 종류가 있다. 첫째는 과정의 숫자이고, 둘째는 결론의 숫자이다.

영업에는 두 가지 숫자가 모두 중요하지만, 더 무게를 두어야 하는 것은 과정의 숫자이다. 과정의 숫자를 올바르게 기록하고 관리하는 사람이 높은 결론의 숫자를 얻기 때문이다. 과정의 숫자를 정확히 기록하여 일/주/월 마감 통계를 통해 숫자를 확인하면, 왜 숫자만이 진실인지 스스로 확인할 수 있다.

나는 오래전부터 다음과 같은 간단한 영업 폼에 과정의 숫자를 기록해왔다.

구분	월	화	수	목	금	계	비고
신규	10	10	10	10	10	50	
니즈	2	0	2	0	1	5	
결정	0	0	2(Y2)		2(Y1, N1)	4(Y2, N2), 1(차주)	
특이사항			Y/N 이유?		Y/N 이유?	Y/N 이유?	

니즈 있는 고객 발굴을 위해 월요일부터 개척 영업을 시작했다고 치자.

월요일에 신규 고객 10명에게 '회사, 아이템, 서비스'를 제안했고, 그중에 니즈 있는 고객 2명을 만났다. 샘플을 전달한 후, 수요일에 재방문하여 Y/N 답변을 듣기로 하고 월요일은 마감했다. 화요일에는 신규 고객 10을 만났지만, 니즈가 없다. 수요일에는 신규 고객 10명을 만났고, 니즈 있는 고객 2명이 있어서 샘플 전달을 완료했다. 이 2명의 고객은 금요일에 재방문을 해서 Y/N 답변을 듣기로 했다. 그리고 월요일에 만났던 2명의 고객을 재방문하여 모두 YES의 답을 들은 후 수요일은 마감했다.

이렇게 일주일의 영업활동을 숫자로 마감하니 이런 통계치가 나왔다.

신규 50, 니즈 5, 결정(YES 2, NO 2), 차주 결정 1

일주일의 영업활동이 숫자로 명확히 기록되어 있으니 보기가 편하고, 괜스레 뿌듯하기도 하다. 무엇보다, 이 숫자를 보면서 일주일을 복기할 수 있다.

1. 50명 중에 니즈 있는 사람이 5명이었으니 10%이다. 100명을 만나면 니즈 있는 고객 10명은 발굴할 수 있다는 이야기다. 그럼 100명을 만나려면 어디서 활동을 하는 게 좋을까?

개척 영업의 비중은 얼마나 높여야 할까?

2. 니즈 고객 확률 10%는 낮진 않지만 높은 것 같지도 않다. 이 확률을 높이려면 무엇을 어떻게 해야 하는가? 지금보다 더 나은 '명분'이 있어야 할 것 같은데, 뭘까?

3. NO를 한 2명의 이유가 동일하다. 지금 사용 중인 제품, 서비스와 별다른 차이를 못 느끼겠다는 것이다. 그럼 어떤 점을 차별화해서 설명해야 임팩트가 있을까? 그동안 생각하지 못한 특장점은 또 뭐가 있을까?

영업일지에 기록된 숫자를 보면서 이런 식으로 복기를 하고 더 나은 방법을 찾고자 애쓴다면 발전하지 않을 수가 없다. 자기에 대해 객관성을 가진 사람이 성공하며, 영업에서 숫자보다 정확한 객관성은 없다. 이렇게 활동량이 숫자로 기록되어 있으면 팀원들과 업무 회의를 하거나 상담을 할 때도 쓸데없는 시간과 에너지 소모를 줄이고 본질에 빨리 다다를 수 있다.

"요즘 정말 너무 힘듭니다. 지난달에 이어 이번 달도 실적이 바닥입니다."

팀원이 하소연을 해온다.

"네 생각엔 뭐가 문제인 것 같니?"

"보시긴 어떨지 몰라도 저는 정말 열심히 하고 있습니다. 이렇게

까지 하는데도 안되면 이건 회사의 시스템이나 아이템에 문제가 있는 게 아닌가 싶습니다."

"음… 그렇담 얼마나 열심히 하고 있는지 활동량 기록한 걸 좀 보면서 말해보자."

"활동량이요? 안 쓴 지 좀 됐는데요…."

활동량을 숫자로 기록하지 않았다면, 그의 활동 과정에는 객관적인 지표가 없다는 얘기다. 나는 죽어라 열심히 하는데 잘 안된다는 건 그저 주관적인 판단에 불과하다. 당연히 합리적이지 않다.

이런 팀원을 상담할 때는 '숫자'라는 객관성의 지표가 결여된 것이 가장 큰 문제라는 점을 일깨워주는 것으로 마무리를 해야 맞다. 그렇지 않으면 서로 시간과 감정만 낭비한다.

숫자는 거짓말을 하지 않는다.

● 모든 사람이 나의 고객이 될 수는 없다

나는 자존감이 아주 낮은 사람이었다. 불우했던 어린 시절의 영향이 가장 컸고, 스물넷에 영업을 시작해 10년간 실패만 계속하다 보니 더 심화가 되었다.

자연히 다른 사람 눈치를 보는 일이 많았고, 누군가 나를 싫어하거나 언짢은 듯한 내색을 조금만 해도 가슴이 두근거리고 의기소침해졌다. 그래서 어떻게든 상대에게 잘 보이려고 되지도 않는 노력을 하곤 했다. 소위 '애정 결핍'이 있는 이들에게 흔히 나타나는 증상이었다.

하지만 다행스럽게도 현장에서 영업과 인생의 답을 동시에 찾으면서, 낮은 자존감과 우울의 문제는 말끔히 해결되었다. 무엇보다 '모든 사람이 나의 고객이 될 수 없고, 모든 사람이 나를 좋아할 수 없다'는 걸 깨닫고 받아들이면서 많은 것에서 해방됐다.

분명 니즈가 있는 고객이고 반응도 아주 긍정적이다. 강한 확신을 가지고 자신있게 클로징에 들어갔는데, 고객의 입에서 의외의 답변이 나온다.

"NO."

'아! 이게 뭐지? 내가 뭘 잘못한 걸까? 확신이 들 만큼 충분한 답을 주지 못했나? 아니지, 당연히 OK할 거라 믿고 너무 밀어붙여서 부담이 된 걸까? 도대체 뭐지?'

예상치 못한 거절에 머릿속이 복잡해진다. 나도 모르게 큰 실수를 한 건 아닌지 자책감이 들면서 마음이 무거워지고, 급기야는 고객에 대한 배신감마저 느껴진다. 이런 감정은 다음 일정에까지 부정적인 영향을 미친다.

진짜 문제는 이런 일이 빈번히 일어난다는 것이다. 그런데 천국과 지옥을 수없이 오가다 어느 날 이런 생각이 들었다.

'내가 뭔가 잘못하거나 부족해서 생긴 문제가 아니구나. 회사, 아이템, 서비스가 아무리 좋아도 모든 사람이 내 고객이 될 수는 없는 거야.'

인간관계도 마찬가지다.

'내가 열 명을 만난다고 그 열 명 모두 나를 좋아하고 신뢰할 수는 없어. 애초부터 불가능한 일이지. 사람은 제각기 다르니까. 대신 8~9명이 나를 좋아하고 신뢰한다면 그들에게 잘하는 것이 더 중요하지 않을까? 공연히 나머지 한두 명에게 신경 쓸 필요 없지.'

이렇게 현실을 직시하니 갑갑했던 마음의 빗장이 풀리면서 홀가분해졌다.

영업은 고객의 니즈가 가장 중요하다. 그러나 니즈가 충만하다고 해서 모두 내 고객이 되지는 않는다.(고객이 될 확률이 높아질 뿐이다.) 이걸 착각하면 안 된다.

특히 초보 영업자는 심리적으로 이 부분에 더욱 취약하다. 고객이 긍정적인 반응을 보이면 이미 머릿속에서는 계약서 사인이 끝나고 다음 달 수당으로 뭘 할지 상상의 나래가 마구 펼쳐진다. 그런데 정작 클로징 단계에서 거절의 답이 돌아오면 엄청나게 당황스럽고 상실감이 이루 말할 수 없다.

미리 말하자면, 이런 일은 영업을 관두지 않는 한 수도 없이 생긴다. 그럴 때마다 지옥행 급행열차를 타버리면 심신 모두 심각한 내상을 입는다. 당연히 영업으로 롱런하기 어려워진다.

　그러니 명심하라. 모든 사람이 나의 고객이 될 수는 없다. 오랫동안 내상을 경험한 선배로서 알려주는 예방조치다.

　나의 '회사, 아이템, 서비스'가 고객에게 절대적으로 필요한 것이라 해도 고객은 충분히 거절할 수 있고, 그 숫자가 내 예상보다 훨씬 많을 수도 있다. 이건 내가 무능하거나 뭘 잘못했기 때문이 아니다. 그냥 봄이 가면 여름이 오고 가을이 오듯 자연스러운 현상이라고 생각하면 된다.

　당장은 인연이 아니어도 몇 달, 아니 몇 년 후 다시 연락이 와서 고객이 될지 아무도 모른다. 그러니 너무 자책하지 말자. NO를 하면 그러려니 하고, 그저 묵묵히 다음 고객을 향해서 발걸음을 옮기면 된다.

나타나야 할 시간과 장소에 맞춰
자신을 드러내는 것,
그것만으로도 세일즈의 80%는
이미 보증받은 것이나 다름없다.

— 브라이언 트레이시

강한 바람이 있기에 연이 더 멀리 날아오를 수 있듯,

영업인이 더 높이 비상할 수 있게 해주는 것이 있다.

바로 고객의 거절이다. 바람이 있어 연이 존재하듯,

영업에는 거절이 있어야 내가 존재한다.

PART 3

현장이라는 최고의 스승

01

연은 바람을
두려워하지 않는다

　어린 시절, 삼촌이 하얀색 한지에 색깔을 입히고 대나무를 정성스레 깎아서 큼지막한 방패연을 만들어준 적이 있다. 연을 날린다는 생각에 들떠서 밤새 뒤척이다 새벽녘에 부리나케 일어나 형과 함께 뒷산에 올랐다. 어둠이 채 가시지 않은 뒷산에는 세찬 바닷바람이 불었고, 떨리는 마음으로 연을 하늘로 던졌다.

　연은 던지기가 무섭게 바람을 맞으며 하늘로 날아올랐다. 얼레에 감겼던 실은 금세 팽팽하게 당겨졌고, 실을 풀면 풀수록 연은 더 먼 하늘로 솟구쳐 올랐다. 그 모습이 어찌나 멋지던지 마치 커다란 날개를 펼치고 비상하는 늠름한 독수리 같았다. 한참이나 연을 바라보며 행복한 한때를 보냈던 기억이 지금도 또렷이 남아 있다.

연이 하늘로 날아오르려면 바람이 필요하다. 그날도 차디찬 바닷바람이 불어오지 않았다면 제아무리 크고 멋진 연이라도 그토록 아름답게 푸른 하늘을 누비지 못했을 것이다.

강한 바람이 있기에 연이 더 멀리 날아오를 수 있듯, 영업인이 더 높이 비상할 수 있게 해주는 것이 있다. 바로 고객의 거절이다. 바람이 있어 연이 존재하듯, 영업에는 거절이 있어야 내가 존재한다. 연이 바람의 저항을 되받아치며 솟아오르듯이 영업은 고객의 거절이라는 저항을 되받아치며 실적을 쌓고 돈을 벌고 성공을 향해 가는 일이다.

영업 현장에서는 날마다 거절이 셀 수 없이 이어진다. 내가 아무리 목에 핏대를 세워가며 '회사, 아이템, 서비스'에 관해 열변을 토해도 필요치 않은 고객은 거절을 한다. 혹은 지금 당장은 필요가 없어서, 아니면 절실히 필요하지만 지금은 여건이 되지 않아서 거절을 하기도 한다.

거절은 영업자의 숙명이다. 다시 말해 피할 수 없는 운명과 같은 것이다. 나 역시 영업을 시작한 이래 수없이 거절을 당했고, 확률세일즈를 시작한 후부터는 거절의 양과 강도가 이전과 비교되지 않을 정도로 급상승했다.

"필요 없어요. 나가세요. 여기 어떻게 들어온 거예요?"

이 세 마디는 내가 하루 종일 귀가 닳도록 들었던 소리다.

하루 20곳을 신규 방문하려면 점심 식사를 하고 화장실 가는 시간을 빼고는 온종일 현장에 집중해야 한다. 하루 일과가 시작되는 오전 10시부터 이 세 마디가 귓가에 울리기 시작한다. 날씨가 안 좋거나 신체 컨디션이 안 좋은 날이면 여느 때보다 더 크게 울린다. 어쩌다 니즈 있는 고객을 만나면 일순간 모든 소리가 경쾌한 화음처럼 느껴지기도 하지만, 하루 종일 발바닥에 불나게 돌아다녀도 문전박대만 당하는 날에는 퇴근길 내내 이명이나 환청처럼 귓전에서 아른댄다.

하지만 나는 다음 날도 그다음 날도 그 소리를 들으러 현장으로 나섰다. 그러다 보니 점점 더 별것 아니게 느껴졌다. 어차피 숙명이라 생각하고 자꾸 마주하다 보니 거절도 더는 두렵거나 무섭지 않았다. 오히려 니즈 있는 고객의 YES는 거절 뒤에 숨어 있다는 사실을 깨닫게 되었다.

안중근 의사는 하루라도 책을 읽지 않으면 입안에 가시가 돋는다고 하셨으나, 나는 하루라도 거절을 당하지 않으면 입안에 가시가 돋는 경지(?)가 되었다. 온몸을 바람에 맡기고 거침없이 날아오르는 연처럼, 날마다 이어지는 거센 거절의 역풍을 온 힘으로 되받아치며 비행을 계속했다.

거절이라는 바람을 피하지 않고 당당하게 맞받아낸다면 실적을 얻고, 돈을 벌고, 성공을 거머쥘 수 있다. 그러니 이제부터 거절을 당하면 바람 앞에 선 연처럼 현장에 더욱더 몸을 바짝 붙여라. 그러다 보면 반드시 성공을 향한 비상의 때가 온다.

02

현장이 최고의 스승이다

내가 아는 지식은 둘로 나뉜다. 바로 '페이퍼 지식'과 '현장의 지식'이다.

영업으로 성공하려면 둘 다 필요한데, 비중이 훨씬 높은 것은 현장의 지식이다. 신입 직원이 입사하면 나는 늘 현장으로 데리고 나가서 영업 교육을 시켰다. 회사 업무에 빨리 적응하고 전문성을 기르는 데 현장만큼 좋은 교육 장소가 없기 때문이다.

사내 강사들이 신입사원에게 긴 시간 동안 회사의 아이템과 서비스에 관해 교육을 하지만, 교육장 문을 나서는 순간 아마 채 10%도 머릿속에 남지 않을 것이다. 문서상의 지식은 아무리 배워도 각인되기가 쉽지 않다. 페이퍼 지식이 머릿속에 각인되려면 현장에 가야 한다.

"오늘은 현장에서 뭘 배웠니?"

"네, 우리 회사의 제품과 서비스에 대해서 최대한 빠른 시간 내에 전문성을 갖춰야 한다는 걸 배웠습니다."

"왜 그런 생각을 하게 됐지?"

"원장님이 우리 회사 제품에 대해 이것저것 물어보셨는데, 아는 게 별로 없어서 답변을 제대로 하지 못했습니다…."

"그래, 아주 중요한 걸 배웠네. 우리 일은 전문성이 있어야 할 수 있는 기술 영업이야. 기술 영업의 핵심은 우리 회사의 기술을 내가 먼저 확실하게 이해하고 있어야 한다는 거지. 내가 이해하지 못한 걸 고객한테 어떻게 이해시키겠니?

네가 만나는 현장은 모두 너의 스승이야. 하루에 한 가지를 배운다면, 한 달이면 근무일수가 20일이니 20가지를 배우게 되는 거지. 1년이면 240가지를 배우고.

만약 하루에 2가지를 배우면 한 달이면 40개, 1년이면 480개. 하루에 3가지를 배운다면 한 달에 60개, 1년에 720개를 배우는 셈이지.

이렇게 일하면 전문성이 안 쌓이려야 안 쌓일 수가 없어. 그러면 당연히 자신감이 생기고, 그 자신감은 고객에게 자연스레 전이돼. 자신감은 곧 신뢰가 되지. 고객이 신뢰를 하는데 영업이 안될 수가 없겠지?"

또 다른 날 한 직원과 동행을 끝내고 물었다.

"오늘은 현장에서 무엇을 배웠니?"

"음, 오늘은 별로 배운 게 없는데요."

"하… 좀 전에 다녀온 그 치과 앞에 세워져 있던 배너에 있는 상품, 그게 뭔 줄 아니?"

"아뇨, 잘 모릅니다."

"궁금하지 않더냐?"

"……."

이런 일이 있으면 호되게 나무랐다. 눈앞에 모르는 게 있는데 호기심이 없다면, 그 현장은 스승이 될 수 없다. 배울 생각이 없는데 어떤 현장에 간들 소용이 있겠는가. 이런 사람은 절대 성장할 수 없다.

어느 날, 열심히 신규 개척을 하다가 대표원장과 즉석에서 미팅을 하게 되었다. 동행한 직원은 전혀 전문성이 없어서 내가 미팅을 주도해야 하는데, 나마저도 갓 입사한 터라 지식이 거의 전무한 상태였다.

이야기를 나누다 보니, 현재 사용하는 제품 외에 타사 제품을 추가로 도입했다고 했다. 왜 그 회사 제품을 추가로 사용하게 됐는지 궁금했다.

"원장님, 제가 이 회사 제품을 잘 모르는데 왜 이 제품을 추가로 사용하기로 결정했는지 알 수 있을까요?"

"아, 그래요? 얼마든지 알려드리죠. 왜냐면 임상적으로…"

보통 신규 미팅은 5분 내외로 종료되는데, 이 고객은 거의 한 시간 동안 마치 그 회사 영업사원처럼 내게 제품에 대해 브리핑을 해줬다. 덕분에 나는 그 제품을 확실히 이해하게 됐다. 그 후로 그때 얻은 지식을 직원들을 교육할 때 활용한 것은 물론이고, 그 제품을 사용 중인 신규 고객을 만날 때면 미팅을 주도할 수 있게 되었다.

이것이 바로 현장이 최고의 스승인 이유이다. 현장에서는 늘 호기심 어린 눈으로 모든 것을 바라봐야 한다. 그리고 내가 모르는 것에 대한 질문을 받으면 즉각 누구에게든 물어서 답을 찾아야 한다. 그렇게 알게 된 지식은 그 자리에서 즉시 각인된다. '이따 알아봐야지'라는 생각은 버려라.

오늘의 현장은 오늘의 스승이고, 내일의 현장은 내일의 스승이다.

03

나의 수준이
곧 고객의 수준이다

오래전 노점에서 휴대폰 판매하는 일을 한 적이 있다. 그때 같이 일하던 동료는 나와 비교가 안 될 만큼 영업 능력이 뛰어나고 판매도 참 잘했다. 그런데 판매량이 많고 고객이 많아서 그런지 시간이 지나면서 고객들의 클레임이 줄을 이었다. 나중에는 강성 클레임 고객들이 생겨나 손해배상청구를 당하는 일까지 벌어졌다. 그때는 '나보다 판매량이 많고 고객이 많아서 그런가 보다' 하고 무심코 지나쳤다.

회사를 운영하며 여러 영업직원과 함께 일을 했다. 대표라는 직함이 있어도 현장에서는 나 역시 세일즈맨이다. 그런데 영업사원 중에는 실적이나 고객 수가 나보다 훨씬 적음에도 유독 고객의 클레임이 많은 직원이 있었다.

물론 일을 하다 보면 영업사원의 의지와 상관없이 클레임이 생길 수 있다. 사람이 하는 일이다 보니, 본인의 실수 때문이든 고객과의 커뮤니케이션에서 생긴 오해 때문이든 분쟁은 늘 발생할 수 있다. 그런데 같은 '회사, 아이템, 서비스'로 영업을 하는데 유독 특정 직원에게만 클레임이 집중된다면 뭔가 문제가 있는 것이다.

나는 이것이 영업사원의 수준과 관계가 깊다고 본다. 나의 생각과 마인드가 크고 넓으면 고객도 그런 사람을 만날 확률이 높지만, 그 반대라면 고객 역시 그런 사람을 만나게 될 확률이 높다. 자석의 원리처럼 나랑 비슷한 사람을 끌어당기는 효과라고나 할까.

고객사에 미팅을 하기 위해 들렀다. 회사의 규모가 크고 들어가는 입구부터 고급스러운 분위기가 여실히 묻어난다.

"안녕하세요?"

인사하지 않아도 지나가는 직원들이 먼저 웃으며 상냥히 인사를 건넨다. 이윽고 정중한 에스코트와 함께 회의실로 안내를 받았다. 며칠 전에 중간관리자를 만나 제안을 했는데, 회사에 도움이 될 것 같자 그가 기안을 올렸고 대표가 직접 내용을 들어보고 싶다고 해서 재미팅차 온 것이다.

따뜻한 커피를 마시며 앉아 있는데, 곧 대표와 직원이 함께 들어온다. 첫눈에도 범상치 않은 포스가 풍기고, 가볍게 인사를 나누며 명함을 주고받았다.

"직원에게 얘기 들었습니다. 궁금한 사항도 몇 개 있고, 직접 들어보면 아무래도 이해가 훨씬 쉬울 것 같아서 바쁘실 텐데 이렇게 직접 뵙자고 했습니다."

"네, 관심 가져주서서 감사합니다."

"내용을 간략하게 다시 설명해주실 수 있습니까?"

"그럼요. 물론입니다."

대표의 눈높이에 맞춰 나의 '회사, 아이템, 서비스'를 최대한 간단하면서도 임팩트 있게 설명했다. 10여 분간 열정적으로 설명을 하자, 주의 깊게 듣던 대표님이 이야기한다.

"직접 들어보니 이해가 잘 되는군요. 아주 좋습니다. 진행하십시다!"

그 회사는 몇 년이 지나 상장을 했고, 지금은 건실한 중견기업으로 인정받고 있다. 오랜 시간이 지나 다시 방문할 기회가 있어 가보니, 외형은 물론이요 내부까지 완전히 변해 있었다. 대표용 주차석에는 보기 드문 고급 승용차가 당당히 서 있어 현재의 위치가 짐작이 되고도 남았다.

그 10분 남짓한 만남 후로 대표님을 직접 다시 만난 적은 없다. 짧은 만남이었음에도 그가 나의 고객이 될 수 있었던 까닭은 무엇일까? 필시 나만 그에게 좋은 느낌을 받은 건 아닐 터이다.

10분이라는 시간 동안 PT를 하면서 나는 '회사, 아이템, 서비스'에 대한 확신, 인생 철학과 영업관, 끝없는 도전 끝에 기나긴 실패의 늪에서 빠져나온 쇠심줄 같은 인내, 그리고 가슴속 깊은 곳에서 빛나는 나의 꿈까지 함께 전달했다. 그런 것이 온전히 전해지면서 그 대표님은 내가 그저 그런 영업사원이 아니라는 것을 알아차렸을 것이다. 그렇기 때문에 그 회사는 지금껏 나와 동행하는 좋은 사이가 되었으리라.

'난 왜 이렇게 잔챙이 고객만 있지?', '왜 이리 JS(진상) 고객이 많을까? 아, 스트레스 받아.'

이런 불만이 가득하다면, 고객을 탓하기 전에 먼저 내가 잔챙이고 JS가 아닌지 자문해봐야 한다.

상어와 도다리가 같이 다니는 걸 본 적이 있는가? 정신이 이상한 상어가 아니라면 도다리와는 어울리지 않는다. 친구를 보면 그 사람을 알 수 있듯이, 고객을 보면 영업사원의 수준도 보이는 법이다. 고객이 상어라면 도다리 같은 영업사원과는 거래하지 않는다. 아마 자신의 격에 맞는 상어급의 영업사원을 찾을 것이다.

좋은 고객을 많이 만들고 싶다면, 나의 수준부터 높여라. 그러면 크고 좋은 고객들이 자연스럽게 나를 알아볼 것이다.

04

영업은 찰나 속에
나의 향기를 남기는 일이다

무더운 어느 여름날 구두를 닦으러 구둣방에 들어갔다.

"사장님, 구두 좀 닦아주세요."

"네, 그래요. 많이 덥지요? 시원한 에어컨 바람으로 땀 좀 식히고 계세요. 얼른 닦아드릴게요!"

사장님이 어찌나 환하게 웃으며 맞아주시던지 내 기분도 순간 청량해졌다. 인사말에 이어 이마에 구슬땀이 맺혀가며 정성스럽게 구두를 닦는 모습을 바라보고 있자니 왠지 모를 장인의 품격마저 느껴졌다.

"자, 다 됐습니다! 신어보시고 부족한 데 있음 말씀하세요."

묵은때를 말끔히 벗은 구두는 나무랄 데 없이 반짝거렸다. 기분 좋게 구두를 신고 "완벽하네요. 좋은 하루 보내십시오!" 인사를 건네며 나왔다.

잠깐이지만 더위가 가시는 듯 상쾌한 경험이었다. 지금도 구둣방에 들를 일이 있으면 종종 그 사장님이 떠오른다. 꽤 오래전인데도 여전히 기억이 나는 건, 아마 그분에게서 풍겼던 사람의 향기 때문이리라 생각한다. 10분 남짓한 시간이었음에도 나에게 그 사람의 향기가 각인된 것이다.

영업은 영업인과 고객, 즉 사람과 사람이 만나는 일이다. 그 만남은 길 수도 있고 짧을 수도 있다. 개척 영업이라면 대부분은 매우 짧다. 하지만 사람이 사람을 이해하는 데 시간의 물리적 양이 절대적으로 중요한 것은 아니다.

"안녕하세요? ○○사 ○○○입니다. 그동안 잘 지내셨지요?"

"네, 그럼요. 오랜만입니다. 어쩐 일이십니까?"

오래전에 만나 '회사 아이템 서비스'를 제안했던 고객사에서 전화가 왔다. 당시에 제안했던 내용에 대해서 미팅을 한 번 더 하고 싶다는 용건이었다. 나는 신속히 응했고, 고객을 다시 만나 인사를 나누고 궁금해하는 내용에 대해 충분히 답변을 해주었다.

재미팅을 한다고 모든 고객이 YES를 하는 것은 아니지만, 이런 미팅은 YES로 끝날 확률이 아주 높다.(선택은 철저히 고객의 몫이지만.) 사실 지금까지 영업을 하면서 이런 전화를 무수히 받았다. 중요한 건 그 사이 분명 여러 곳에서 제안을 받았을 이 고객이 2년이나 지나서 내 명함을 찾아 굳이 다시 전화를 했다는 것이다.

그건 아마도 예전의 짧은 만남 속에 나라는 사람의 향기가 남아 그에게 전해졌기 때문이 아닐까? 나는 그때도 어느 때처럼 명함을 내밀고 악수를 하고 인사를 건넸을 것이고, 활짝 웃는 표정과 자신 감 있는 목소리로 간결하고 임팩트 있게 제안을 했을 것이다. 그리 고 미팅을 끝내고 자리를 뜰 때는 이런 멘트를 했을 것이다.

"더 궁금한 것이 있으면 언제든 전화 주세요. 저희 제품을 안 하 셔도 됩니다만 ○○일까지 가부간 결정은 꼭 해주십시오!"

당시 나에게 돌아온 답변은 NO였지만, 나라는 영업자에 대한 어 떤 느낌만은 그 고객에게 남았을 것이다. 다행히 좋은 향기가 남은 덕에 지금 다시 만나게 된 것이다.

재미팅후 며칠이 지나 다시 전화가 왔다.

"아쉽지만 지금 당장 교체는 어렵겠습니다. 그러나 1년 후에는 반드시 교체할 거라 그땐 꼭 연락드릴게요. 죄송합니다."

아쉽게도 결과는 다시 NO였지만 그건 중요치 않다. 1년이 지나 그 고객과 내가 여전히 자리를 지키고 있다면 또 만나면 된다.

그래서 영업자는 고객에게 좋은 느낌, 좋은 흔적을 남겨야 한다. 아무리 찰나라 하더라도 기억에 남을 만한 좋은 향기를 남기고 오면 처음의 NO가 시간이 지나 YES로 바뀔 확률이 높지만, 애초에 무취 혹은 왠지 다시 맡고 싶지 않은 냄새 같은 흔적을 남겼다면 영원히 NO다.

좋은 향기를 남기는 일은 그리 어렵지 않다. 나의 '회사, 아이템, 서비스'에 대한 확신을 품고 인생에 대한 열정이 넘치는 눈빛과 태도로 말한다면, 향기는 저절로 풍겨 나온다. 그런 향기는 아무리 값비싼 명품 향수로도 흉내 낼 수 없는 것이다.

나는 지금 어떤 향기를 고객에게 내뿜고 있을까?

05

헝그리하면
헝그리해지지 않는다

"대표님 책을 읽었는데, 만나면 꼭 여쭤보고 싶은 게 있었습니다. 10년이라는 긴 시간을 어떻게 이겨내셨어요? 포기하고 싶은 마음은 없으셨나요?"

참 많이 받는 질문이다. 10년이라는 시간 동안 월 100만 원도 벌지 못한 채 영업을 계속하는 것은 결코 쉽지 않았다. 사람으로서 해야 할 도리를 전부 포기한 세월이고, 지하방에서 남몰래 흘린 눈물이 족히 몇 리터는 될 것이다. 젊어 고생은 사서라도 한다는 말이 있지만, 솔직히 내겐 그리 달갑지 않은 말이다. 너무나 아프고 고통스러웠기 때문이다.

당연히 포기하고 싶은 마음이 불쑥불쑥 고개를 내밀었고, 적당한 곳에 취직해서 적당히 월급 받으며 사람 구실도 적당히 해가며 살고 싶은 유혹도 많았다. 그러나 내게는 포기하지 못한 이유가 있었다.

배고픔에는 두 가지 종류가 있다. 하나는 육신의 배고픔이고, 다른 하나는 정신의 배고픔이다. 육신의 배고픔은 배가 부르면 쉬이 사라지지만, 정신의 배고픔은 쉽게 채워지지도 않고 사라지지도 않는다. 꿈과 목표에 관한 것이기 때문이다.

내가 영업을 택한 것은 단순히 허기를 채우기 위해서가 아니었다. 물론 오랫동안 그 허기도 채우지 못할 만큼 궁핍하긴 했지만, 나에게 더 큰 것은 정신적인 배고픔이었다. 너른 하늘을 자유로이 활공하는 독수리처럼 선택의 자유가 있는 삶을 살고 싶다는 정신적 허기가 나를 지배했고, 그래서 포기하지 못하고 '버틴' 것이다.

영업 현장이라는 밀림에는 수많은 영업인들이 살아간다. 그중에는 하루하루 육체의 허기를 달래며 사는 이들도 있고, 정신의 허기를 채우기 위해 뛰어다니는 이들도 있다. 고객을 만나 제안을 하고 영업에 성공을 하면 일단 육체의 배고픔이 채워진다. 그러면 포만감이 생기고, 슬슬 긴장도 풀리고 쉬고 싶은 마음이 들기 마련이다. 육체의 허기만 채우면 되는 영업인은 이제 편안한 곳에 가서 느긋한 휴식을 취한다. 반면 정신의 허기를 채우기 위해 달리는 영업인은 쉬지 않고 또 다른 고객을 찾아 나선다. 자기가 세워놓은 꿈과 목표에 닿으려면 아직 한참 멀었기 때문이다.

고객을 찾아 나선다고 모든 영업이 성공할 수는 없다. 오래 공들였는데 성공 직전에 실패하기도 하고, 사소한 실수로 공든 탑이 무너져 내리기도 한다. 이런 일이 반복되면 상실감이 들고 불안과 좌절감에 말 그대로 몸부림을 치게 된다. 정말로 털썩 주저앉고 싶어진다.

하지만 정신의 배고픔이 있는 이들은 좀 다르다. 이런 사람들은 어떤 일을 당하든 다시 일어선다. 어떤 배고픔이 더 큰지에 따라 삶과 일에 임하는 태도가 다른 것이다.

흔히들 '헝그리정신'을 잃지 말라고 한다. 춥고 배고프고 육체가 허기지던 시절의 초심을 잃지 말라는 뜻이기도 하지만, 인생을 사는 분명한 목표와 꿈에 대한 허기짐 역시 잊지 말고 기억하라는 의미이기도 하다.

동물은 육체의 배고픔만 해결되면 생존하는 데 아무 문제가 없지만, 사람은 그렇지 않다. 사람에겐 정신적인 배고픔이 존재하고 꿈과 목표에 대한 갈망과 열망이 있다. 이건 오직 사람만이 가질 수 있는 감정이다.

"Stay hungry, stay foolish."

스탠퍼드 대학 졸업식 축사에서 스티브 잡스가 한 말이다.

배고프게, 미련하게 당신의 인생을 계속 걸어가라는 이 말에는 정신적 배고픔에 대한 갈망이 담겨 있다. 내가 잡스 형님을 존경하는 이유도 이 때문이다.

그동안의 경험에 비추어 꼭 당부하고 싶다.

육체적인 배고픔을 해결하기 위해 일하면 정작 육체적 배고픔을 해결하기 어렵다. 그러나 정신적인 배고픔을 채우기 위해 일하면 육체적 배고픔은 저절로 해결된다.

06

최고가 되려면
특별한 능력이 필요할까?

우연히 ○○생명보험 챔피언과 식사를 할 기회가 있었는데, 그때 들은 얘기가 강렬한 인상으로 남았다.

"아는 분에게 연락이 왔어요. 아버님이 편찮으셔서 삼성의료원에 입원을 해야 하는데, 1년 이상 기다려야 한다는 거예요. 한시가 급한데 혹시 그쪽에 아는 사람이 있는지 묻더라고요. 그래서 알아보겠으니 기다려보시라고 했죠.

근데 사실 저는 그쪽에 아는 분이 없었거든요. 그날부터 삼성의료원에 매일 전화를 해서 입원 자리 난 거 없냐고 물었어요. 그런데 계속 전화를 하니까 원래 입원하기로 했다가 취소되는 경우가 있더라고요. 입원 날짜가 점점 당겨지더니, 결국 두 달 만에 입원을 시켜드렸죠. 그분은 제가 엄청난 '빽'을 쓴 줄 알고 무척 고마워하시는데, 사실 그런 건 하나도 없었어요.

또 한번은 어떤 분이 송도에 있는 ○○CC에서 꼭 라운딩을 해보고 싶다는 거예요. 제가 또 기다려보라고 했지요. 그러고 나서 주위에 골프 좀 친다는 분들에게 전부 연락해서 회원권을 가진 분을 수소문하기 시작했어요. 그러다 보니 또 찾아져요.

사람들은 제게 뭔가 특별한 능력이 있다고 생각하는데, 그런 건 없어요. 그냥 고객이 필요로 하는 걸 어떻게든 채워주려고 노력하다 보니 방법이 찾아지는 거죠. 사실 보험이라는 게 회사별로 엄청나게 차이가 나질 않아요. 제가 이렇게 일을 하니까 많은 분이 소개도 해주고 응원도 해줘서 지금처럼 재미있게 일하게 된 거죠."

정리하자면 이런 얘기다.

1. 고객의 얘기는 어떤 것이든 일단 경청한다.
2. 고객의 요청 사항에 우선 YES를 한다.
3. 모든 방법을 동원해서 고객의 니즈를 채워준다.

이분의 중심에는 '고객'이 있다. 그리고 어떻게든 고객의 니즈를 충족시키려 노력한다. 물론 아무리 애써도 어쩔 수 없는 경우도 있었을 테지만, 고객은 그가 최선을 다했다는 걸 알기에 그것만으로 충분한 심리적 보상이 되었을 것이다.

또 다른 법인 영업 챔피언에게는 이런 이야기를 들었다.

"고객한테 전화가 왔습니다. 그동안 해오던 어머니의 연명 치료를 오늘 저녁에 끝내야 할 것 같다고…. 심장이 떨리고 눈물이 나는데 생각나는 사람이 나밖에 없어서 전화했다면서 울먹이는 거예요. 혹시 저녁에 와줄 수 있냐고 묻길래 간다고 했어요.

나한테는 작은 계약처이지만 이런 순간에 내가 생각났다는 게 큰 의미가 있고 일하는 보람이 있더군요. 그래서 저녁에 있던 약속도 취소했어요. 이보다 더 중요한 일은 없잖아요."

평상시 어떤 자세로 일하는지 이 전화 한 통으로 고스란히 드러난다. 그토록 위중한 순간에 가족도 친구도 아닌, 자기를 관리하는 영업인이 생각나다니. 대체 어떤 특별한 점이 있어서 이렇게나 큰 신뢰를 받을까?

이분을 자주 만나며 느낀 점은 세 가지다.

1. 솔직하고 진실하다.
2. 고객의 니즈를 빨리 파악한다.
3. 파악한 니즈를 채워주기 위해 최선을 다한다.

영업은 사람과 사람의 만남인데, 솔직하고 진실한 사람을 싫어할 이는 없다. '진정성'으로 고객을 대하면 고객은 느낀다. 한 번을 만나 더라도 진정성이 있고 없고는 고객에게 주는 임팩트가 다르다.

법인의 대표들을 만나보면 공통적인 니즈가 있다. '매출, 마케팅, 구인'이다. 이 가운데 어떤 니즈가 있는지 재빨리 파악하고 본인이 가진 네트워크를 총동원한다. 예를 들어 주방용품 제조 판매 회사에 는 프랜차이즈를 하는 회사를 연결해주고, 욕실 제품을 만드는 회사 는 수출을 대행하는 회사와 연결한다. 이런 식으로 '인간 플랫폼'이 되어 고객 각각의 니즈를 충족해주는 것이다. 그러다 보면 주위에 늘 고객이 넘친다.

"영업에서 최고가 되려면 특별한 능력이 필요합니까?"라는 질문 을 받는다면 나는 "아니오"라고 답하고 싶다. 앞서 얘기한 챔피언들 이 그 실례이다. 할 수 있다는 의지와 태도를 지니면 능력(!)이 생긴 다. 마음만 먹으면 누구에게나 생겨나는 능력인데, 그런 속사정을 모르는 사람들이 아주 특별한 능력이라고 오해할 뿐이다.

당신이 필요한 사람에게
자비를 베풀지 않는다면
어떻게 당신 고객이 당신을
달리 대접할 것을 기대할 수 있겠는가.

— 케몬스 윌슨

쌩쌩 잘 돌아가는 팽이는 정중앙에 못이 잘 박혀 있다.

지금 나를 구심점으로 팽이가 잘 돌아간다면 이대로 계속하면 된다.

하지만 썩 만족스럽지 않다면 내 팽이에 무슨 문제가 있진 않은지

스스로를 돌아봐야 한다.

PART 4

나는 구심점인가?

01

'나'라는 구심점

어렸을 적 시골에서 팽이치기를 참 많이 했다. 팽이는 반듯한 소나무를 적당히 자르고 맨 아래 끝부분을 뾰족하게 깎아서 만드는데, 제일 중요한 작업이 그 끝부분에 못을 박는 것이다. 정확하게 가운데에 못을 박으면 팽이가 쌩쌩 잘 돌아가지만, 약간이라도 비뚤게 박으면 제구실을 하지 못한다. 그럴 땐 못을 빼서 다시 박거나 팽이 자체를 그냥 버려야 한다.

정중앙에 못이 박혀야 팽이가 잘 돌아가듯, 조직도 구심점이 매우 중요하다. 구심점이 누구냐에 따라 조직의 분위기, 문화, 성과 등이 천차만별이다. 오랫동안 현장에서 때로는 조직의 구성원으로, 때로는 리더로 살아보니 구심점의 중요성을 온몸으로 체감한다.

예전에 TV에서 록밴드 '부활'의 리더 김태원 씨를 인터뷰하는 걸 보았다.

"한국에서 록밴드가 장수하기는 쉽지 않은데, 리더로서 어떻게 하셨길래 이렇게 오랜 시간 밴드를 이끌어올 수 있었나요?"

"음, 제가 생각하는 리더는… 우선 주어야 합니다. 물질이든 마음이든 무조건 주어야 합니다. 그런 다음엔 준 것을 빨리 잊어버려야 합니다."

리더의 자질에 관해 이보다 더 군더더기 없는 얘기를 들어본 적이 있는가? 일단 주고, 빨리 잊어버리라니…. 말처럼 쉬운 일이 아니다. 장수 밴드의 '구심점'으로 수십 년 살아온 내공이 느껴지는 순간이다.

나는 구심점이 되기 위해 필요한 덕목으로 세 가지를 꼽는데, 그 첫째는 위의 말처럼 '일단 주는 것'이다.

"오랜만에 다시 뵈니 좋네요. 매년 생일에 카카오톡으로 선물 보내주셔서 감사했어요."

"아, 제가 그랬나요?"

업무 때문에 부탁할 일이 있어 오랜만에 만난 지인이 건넨 말이었는데, 나는 선물을 했는지조차 기억나지 않았다. 하지만 그 덕분인지 필요한 시기에 도움을 받을 수 있었고, 지금도 좋은 관계를 유지하고 있다. 받을 걸 생각하지 않고 준 것이 몇 백 배 이득으로 돌아온 셈이다.

조직의 구심점으로 일할 때도 늘 이걸 중요하게 생각하고 실천하고자 노력했다. 직장 상사이기 이전에 인생의 선배로서, 일에 대한 조언뿐만 아니라 인생의 여러 시행착오에 대한 경험을 나눔으로써 후배들이 더 나은 삶을 살길 바랐다.

회식만 하면 다음 날 지각을 하거나 연락이 두절되는 직원이 있었다. 참다못해 하루는 내 자리로 불렀다.

"혹시 그동안 고주망태가 되도록 술 먹는 잘못된 습관에 대해서 말해주는 사람이 하나도 없었니?"

"네, 없었습니다···. 늦어서 죄송합니다."

"둘 중 하나다. 너를 진심으로 사랑하는 사람이 없었거나, 끼리끼리 어울려서 문제의 심각성을 몰랐거나. 술 마시는 게 잘못된 일은 아니야. 그런데 그때마다 인사불성이 되고, 다음 날 일에까지 막대한 지장을 준다면 그건 단단히 잘못된 거야. 어릴 때는 그나마 이해해주지만, 나이 들어서도 그런 걸 이해해주는 사람은 없어. 정신차리고, 나중에 후회하지 않으려면 지금부터라도 술버릇 고쳐라."

진심 어린 충고가 통했는지 그 뒤로는 음주 횟수가 많이 줄었다. 지금은 결혼도 하고 다른 회사에서 잘나가는 영업인으로 제 몫을 다하고 있으니 기쁜 일이 아닐 수 없다.

"상무님, 오늘 저희 팀 회식하는데 꼭 오셨으면 좋겠습니다."

"내가 가면 너희들 회식하는 데 불편하지 않겠니? 오늘도 나한테 욕 많이 먹었는데 회식 자리에서까지 욕먹으려고?"

"아닙니다. 잘못해서 욕먹는 건 당연합니다. 그래도 상무님이 계시면 좋은 얘기도 많이 해주시고 힘이 납니다. 꼭 참석해주십시오."

그땐 진심이었는지 예의상 하는 소리였는지 모르겠지만, 이제 각자 다른 삶을 살아가고 있음에도 여전히 연락해오는 후배들이 있는 걸 보면 김태원 씨처럼 '무조건 주는' 것을 조금이나마 실천했기 때문이 아닐까 싶다.

두 번째 덕목은 '솔선수범'이다.

전대진 작가님의 글 중에 "지식과 정보를 전달하는 데 그친다면 강사, 스스로 그렇게 살고 있으며 살아낸 것을 말한다면 멘토, 타인의 삶에 영향을 주고 변화를 주면 스승"이라는 대목이 있다. 무척 공감 가는 내용이다. 남의 얘기를 가져다 쓰는 강사와 자기 경험을 풀어내는 강사의 말은 힘의 크기가 다르기 때문이다. 정보는 감동을 줄 수 없지만, 경험은 감동과 변화를 불러일으킨다.

디오에 입사한 후 처음 직원들과 만난 자리에서 나는 이렇게 이야기했다.

"한 가지는 확실하게 약속하겠습니다. 누구보다 먼저 뛰어가겠습니다. 그리고 현장에서 여러분과 같이 울고 같이 웃겠습니다."

실제로 나는 특별한 경우가 아니고는 늘 직원들과 현장에서 함께했다. 일이 잘되면 같이 웃고, 뼈아픈 거절을 당하거나 악성 클레임으로 힘들어하면 위로하고 용기를 주기 위해 노력했다.

그래선지 지금은 다른 회사에 스카우트되어 유능한 관리자로 일하고 있는 후배에게 이런 말도 들었다.

"제가 관리자로 일을 해보니, 상무님이 대단하다는 걸 새삼 깨달았어요. 현장에서 지점장으로 일할 때는 정신이 하나도 없었거든요. 매출 신경 쓰랴, 직원 관리하랴, 동행 요청 오면 같이 나가랴…. 1인 다역을 하려니 스트레스가 만만치 않았어요.

그런데 이직하고 관리자 자리에 있으니 시간이 많이 남더라고요. 일 안 하고 놀려고 하면 얼마든지 놀 수 있고요. 물론 제가 놀지는 않지만, 그런 유혹이 많다는 걸 알았어요. 그래선지 상무님 생각이 많이 났습니다. 그 누구보다 열심히 하셨다는 걸 알게 됐으니까요."

관리자가 돼보니 비로소 철이 든(?) 모양이다. 이런 얘길 들으면 스승까지는 몰라도 멘토 정도 역할은 했구나 싶다.

마지막 세 번째 덕목은 열정적인 분위기를 만드는 것이다.

활활 타오르는 장작더미 위로 젖은 장작을 던지면 어떤 일이 벌어질까? 젖은 장작도 같이 활활 탄다. 구심점이 되기 위해서는 젖은 장작도 태워버릴 정도로 활기차고 긍정적인 영업 분위기를 만들고 유지할 줄 알아야 한다.

일을 하다 보면 누구나 힘이 빠질 때가 있다. 그럴 때 열정과 긍정 에너지를 가진 사람을 만나면 나도 모르게 다시 힘이 솟곤 한다. 열정은 강한 전염성이 있기 때문이다. 영업 현장은 총성 없는 전쟁터와 같아서, 장수가 열정이 없고 지쳐 있으면 병사들도 사기가 꺾인다.

영업자는 아침부터 여기저기서 날아든 거절의 화살을 맞기도 하고, 오래 함께했던 고객이 별안간 '결별'을 통보해오기도 한다. 어쩌다 아침에 아내와 얼굴 붉히며 안 좋은 기분으로 출근했는데 고객 클레임까지 잇달아 날아오면 다 때려치우고 술이나 퍼먹고 싶을 때도 있다. 그래도 매일 현장으로 가야 한다. 구심점이 해야 할 일은 이런 상황에서도 조직원들이 낙담하지 않고 다시 힘을 내도록 그들을 이해하고, 열정을 채워주는 것이다.

"상무님, 날 더운데 고생하십시오." "하나도 안 더워. 내 가슴속 열정이 더 뜨겁다."

"추운데 고생하십시오." "하나도 안 춥다. 내 가슴엔 불덩어리가 있거든."

나는 늘 이렇게 농을 섞어 답하곤 했다.

"전에 갔던 그 치과, 어떻게 됐어?"

"방문은 지속적으로 하고 있는데, 대표원장을 만나기가 영 쉽지 않네요…."

"그래? 이번 주 목요일에 내가 동행할 테니까 스케줄 빼놔. 그리고 개척하고 싶은 대형 치과 리스트도 다 뽑아놔라. 오래간만에 같이 돌아보자!"

장수가 같이 싸워주겠다면 없던 열정도 생기는 법이다. 이런 식으로 조직에 끊임없이 활활 불을 지펴줄 수 있어야 한다.

쌩쌩 잘 돌아가는 팽이는 정중앙에 못이 잘 박혀 있다. 지금 나를 구심점으로 팽이가 잘 돌아간다면 이대로 계속하면 된다. 하지만 썩 만족스럽지 않다면 내 팽이에 무슨 문제가 있진 않은지 스스로를 돌아봐야 한다.

02

내가 먼저
전력 질주하면 생기는 일

'그래, 다시 한 번 확률세일즈를 해보자. 하루 20군데 치과를 방문하자. 2009년에 성공했듯이 이번에도 성공해보자.'

디오에 입사한 후 처음 맡은 ○○지점의 본부장이 된 지 얼마 되지 않아 2018년을 맞았다. 당시 그 지점은 실적과 조직관리가 전국에서 최하위권인 데다 T/O는 8명인데 달랑 4명만 남은 상태였다. 당시 해당 지점의 관리자인 부장님은 나보다 높은 연배였다.

"부장님 입장에서는 나이도 어린 제가 윗사람으로 와서 기분 나쁘실 수 있습니다. 그런데 저는 결코 윗사람으로 군림하려고 온 게 아닙니다. 어떻게든 조직을 안정시키고, 매출을 일으켜서 성공시키려고 온 것입니다. 저는 임플란트는 잘 모르지만 영업의 전문성을 갖고 있습니다. 영업의 프로세스는 90%가 유사합니다. 나머지 10%의 아이템과 솔루션에서 차이가 날 뿐입니다. 그런데 그 10%는 부장님이 잘 알고 계실 테니, 서로의 부족한 부분을 채워가면 머지않아 최고의 팀이 될 수 있습니다!"

이유야 어찌 됐든 자존심 상할 수 있는 상황이기에, 처음으로 소주를 한잔하던 날 나는 최대한 조심스럽고 겸손하게 말했다. 그러자 부장님도 그동안의 여러 상황에 관해 솔직한 이야기를 들려주기 시작했다. 그렇게 진심 어린 이야기로 술자리가 무르익자 부장님은 이렇게 말했다.

"네, 무슨 말씀인지 잘 알겠습니다. 알고 보면 우리 직원들 다 착합니다. 본부장이 이끌어주시면 잘할 겁니다. 제가 먼저 솔선수범할 테니, 앞으로 잘 이끌어주십시오!"

그렇게 그날 이후 의기투합을 했고, 다행히 곧 신입사원이 3명 충원되어 나를 포함 8명의 조직체계가 완성되었다.

'목요일, 금요일 이틀 동안 신입들 인수인계 작업을 했다. 사무실에 있었는데, 역시 현장맨은 현장에 있어야 한다. 그게 조직 전체가 사는 길이다. 신입들 포함 총 6명과 함께 현장 동행을 해야겠다. 단 하루도 실패하지 않기 위해 최선을 다해보자.'

지금도 나는 매일 일기를 쓰는데, 2018년 1월 13일 일기에 이렇게 적어놓았다.

사실 입사한 지 석 달도 안 되어 치과업계와 임플란트에 대해 아는 것도 거의 없던 시기였다. 기존의 영업 직원들과 개척 영업을 할 때는 그나마 좀 나은데, 그땐 신입사원 세 명과 준신입이랄 수 있는 내가 같이 다녔으니 누가 봤으면 '덤앤더머' 꼴이라 했을지도 모른다. 그래도 직원들을 로테이션해가면서 끈질기게 하루 20군데 치과 신규 방문을 이어나갔다.

"여보, 나 내복 좀 사다줘. 그리고 이런 코트 말고 따뜻한 오리털 파카 같은 옷이 필요해."

난데없는 옷 타령에 아내는 생전 입지도 않던 오리털 파카가 왜 필요하냐며 뚱딴지같다는 표정으로 쳐다봤다. 그전 같으면 미팅 하나가 끝나면 차를 타고 다음 미팅 장소로 이동하니 한겨울에 코트조차도 입을 일이 없었다. 하지만 그땐 사정이 달랐다. 출근하면 직원 차를 타고 현장으로 가서 하루 종일 함께 개척을 하고, 퇴근할 때는 현장에서 가까운 지하철역으로 갔다. 그러다 보니 한겨울 추위를 고스란히 감내하며 다녀야 했다.

그렇게 하루 20군데를 목표로 다니다 보면 어떤 날은 운 좋게 여러 명의 원장님을 만나기도 했다. 하지만 대개는 "원장님은 지금 진료 중이셔서"라는 말과 함께 데스크에서 거절을 당하고 하루 종일 원장님이라는 사람 코빼기도 못 보기 일쑤였다. 그러나 거절도 고객을 만나러 가야 당하는 것이니, 거절하는 고객이 있다는 것 자체가 지금 내가 일을 하고 있다는 증거이다. 나야 발품 팔고 고객 얼굴을 못 봐도 괜찮았지만 신입들은 사기가 뚝 떨어졌다.

"괜찮아, 이런 날 저런 날 다 있는 거야. 이렇게 꾸준히 다니다 보면 현장이 너를 알아주는 날이 꼭 온다. 나를 봐. 너희보다 훨씬 나이가 많아도 이렇게 열심히 같이 다니잖니. 내일은 오늘보다 더 잘할 수 있을 거다. 파이팅하자!"

퇴근길 지하철에서 하루를 복기하며 오늘 현장에서 무엇을 배웠는지, 직원들이 스스로 영업을 잘할 수 있도록 어떤 것을 더 가르쳐야 하는지 등을 생각하며 고된 하루를 마무리했다. 그렇게 매일 모든 걸 새롭게 시작한다는 마음으로 직원들과 동행 영업을 하면서 고객을 만나 명함을 전달하는 법, 인사하는 법, 거절하는 데스크를 넘어서는 법, 짧은 시간에 우리 '회사, 아이템, 서비스'를 소개하는 법, 다음 미팅 약속을 잡는 법 등을 하나하나 가르쳐 나갔다.

치과계는 세미나 영업을 많이 한다. 디오도 DDA(Dio Digital Seminar)라는 세미나가 있었고, 이 세미나에 신규 치과 원장들을 얼마나 많이 초대하느냐가 매출로 이어지는 중요한 영업 포인트였다. 당연히 나와 우리 직원들도 신규 원장들을 세미나에 초대하기 위해 애를 썼다. 초대 후에는 지속적인 팔로업을 하면서 한 명이라도 고객을 늘리기 위해 모든 노력을 다했다.

직원들의 손을 잡고 눈비 맞아가며 하루 20곳을 방문하기 위해 매일매일 전력 질주했던 2018년이 저물었다. 과연 어떤 결과가 나왔을까?

○○지점은 전국 꼴찌에서 전국 최고로 환골탈태했다. 나를 믿고 따라준 부장님은 이사로 승진하고 지점은 본부로 승격되는 겹경사가 일어났다. 말 많고 탈 많던 꼴찌 조직이 1년 만에 이렇게 변화한 것이다.

과연 어떻게 이런 일이 가능했던 걸까? 많은 리더들은 어떻게 하면 직원들이 스스로 열정적으로 일하게 할 수 있을지 고민한다. 답은 간단하다. 리더가 누워 있으면, 팀원은 잠들어 있다. 리더가 일어나 걷기 시작하면 팀원은 그제야 잠에서 깨어 앉는다. 리더가 뛰기 시작하면 팀원은 일어나 걷기 시작하고, 리더가 전력 질주를 하면 팀원도 비로소 뛰기 시작한다. 이게 조직의 생리다.

팀원은 항상 리더보다 한 반자나 반박자 느리다. 그러니 그것 때문에 답답해할 필요가 전혀 없다. 팀원이 뛰도록, 아니 전력 질주하도록 만들고 싶다면 내가 먼저 전력 질주하면 된다. 그 1년 동안 나는 그저 옆도 뒤도 보지 않고 전력 질주를 했을 뿐이다.

최고의 영업조직을 만들고 싶은가? 그럼 리더인 당신이 먼저 현장에서 전력 질주를 해보라. 그것도 딱 1년만 해보라. 그러면 팀원들이 알아서 신발 끈을 조이고 같이 뛰기 시작할 것이다.

03

리더의 원칙

회사에서 오랫동안 많은 노력과 연구비를 들여 신제품을 출시했다. 신제품 홍보를 위한 다양한 방법을 논의한 결과, 마케팅팀에서 '제품설명회'를 활용하기로 결론을 내렸다. 호텔 등 세미나 장소를 빌려 치과 원장님과 중요 스태프들을 초대하여 신제품의 특징, 메커니즘, 고객 상담 방법 등을 직접 소개하는 소규모 세미나라고 생각하면 이해가 쉽다.

우선 전국에 있는 영업 본부장들이 부산 본사에서 신제품에 대한 연수를 받았다. 치과 전문의를 상대로 하는 세미나이기 때문에, 다양한 임상 사례뿐만 아니라 기존 제품과.다른 특장점을 상세히 교육받았다. 그리고 월 1회 이상 제품설명회를 진행하라는 미션과 함께 서울 사무실로 복귀했다.

현장 투입 전에 마케팅팀에서 여러 차례 영업사원들에게 제품 교육을 진행했고, 디테일한 교육은 본부장들이 추가로 진행하여 제품의 차별성을 인식시켰다.(당시 나는 강남본부장이라는 직책을 맡고 있었다.)

"이번에 출시되는 제품은 우리 회사의 제품력과 이미지를 한 단계 업그레이드할 수 있는 강력한 무기다. 연구팀에 확인해보니 타사에서 우리 기술을 개발하려면 최소 1~2년은 걸린다고 한다. 이건 우리에게 기회다. 그사이에 우리는 시장 점유율을 높이고 마니아층을 확실히 확보해야 한다.

회사의 전략 방향은 제품설명회로 결정됐으니, 소규모 세미나를 지점마다 월 1회씩 개최해서 최대한 많은 치과 원장들에게 신제품을 홍보하자. 너희들 각자 최소 1명씩은 모객을 해서 제품설명회에 참석을 시켜라. 나머지는 내가 현장에서 알아서 하마."

"네, 알겠습니다."

강남본부뿐만 아니라 전국에서 제품설명회를 개최하여 속도감 있게 영업이 진행됐고, 영업은 정직한 게임이기에 얼마 지나지 않아 이곳저곳에서 신제품 매출이 발생하기 시작했다. 강남본부도 이에 질 세라 직원들은 열심히 모객을 하고, 나는 본부장으로서 최선을 다해 치과 원장들에게 신제품의 메커니즘과 사용법, 마케팅과 상담 방법 등을 열심히 설명했다.

처음에는 원장님들을 앞에 두고 전문적인 용어를 써가며 PT를 하기가 쉽지 않았다. 말할 내용이 갑자기 생각나지 않아 버벅대기도 하고, 중간중간 날카로운 질문이 쏟아질 때는 진땀을 빼기도 했다. 그러나 설명회를 거듭할수록 PT 실력도 늘고, 질문에 척척 답할 수 있는 여유도 생겼다. 치과 원장님은 임상가이고 나는 임상가가 아니기에 임상에 관한 것은 객관적인 임상 데이터로 대체했고, 나는 주로 타 치과와 차별화하는 마케팅에 관한 이야기를 했다.

　　"원장님들은 원내에 계시고 진료를 봐야 하기 때문에 다른 치과를 방문할 기회가 거의 없습니다. 그래서 옆 치과에 환자가 많아도 무슨 이유인지 알기 어렵고, 우리 치과와 어떤 차별점이 있는지 아는 것은 더더욱 어렵습니다. 하지만 저는 거의 매일 10곳 이상의 서로 다른 치과를 방문합니다. 대형, 소형, 마케팅을 많이 하는 곳과 전혀 하지 않는 곳까지 두루 다니죠. 그러다 보니 특정 치과에 유독 환자가 많은 이유가 무엇인지 자연스럽게 파악할 수가 있습니다…"

　　치과 원장님은 의사이고 임상가이기 전에 경영자이다. 당연히 더 많은 환자가 방문하여 진료받고 매출을 올리는 데 관심이 많다. 그러니 고객(환자)의 니즈에 부합하는 정보를 제공해준다는데 마다할 사람이 어디 있겠는가!

　　나는 이렇게 고객들을 먼저 '어텐션'시키고, 우리 회사의 제품이 차별화된 마케팅과 실질적인 치과의 매출 향상에 도움이 될 수 있다는 것을 강력하게 어필했다. 원장님들의 호응도는 높았고, 직원들이 설명회 이후 각자의 고객들을 팔로업을 하면서 자연스럽게 매출로 이어졌다.

그렇게 몇 달을 이어가는데, 전국 여러 지점에서 말이 나오기 시작했다. '더 이상 초대할 원장님들이 없다, 임상가도 아닌 본부장이 설명회를 한다고 하니 오기를 꺼린다'는 등의 이야기였다. 이런저런 핑계로 설명회 횟수가 서서히 줄더니, 급기야 거의 다 멈추고 말았다.

하지만 나는 생각이 달랐다. 지금이 기회이고, 힘들더라도 이렇게 지속하면 반드시 시장을 점유할 수 있다는 확신이 있었다. 다행히 우리 지점 직원들은 내 뜻을 따라주었고, 일단 설명회에 앉히기만 하면 어떻게든 영업이 된다는 걸 경험했기에 모객을 하려고 갖은 애를 썼다.

그러던 어느 날, 설명회가 예정되어 있는데 비가 억수같이 쏟아졌다. 시작 시간이 다 되어도 원장님들이 나타나질 않았다. 멀뚱히 내 얼굴만 보는 직원들을 채근하여 전화를 돌려보니 비 때문에 차가 막혀 중간에 돌아갔다는 사람, 진료가 늦게 끝나 못 온다는 사람, 급한 저녁 약속이 생겨 죄송하게 됐다는 사람 등등 올 수 있는 이가 없었다. 그러잖아도 무거운 분위기가 더 가라앉았다. 다행히 좀 늦긴 했어도 기존 고객 1명, 신규 고객 1명이 참석을 했고, 나는 진행을 위해 마이크를 잡았다.

"밖에 비가 많이 오네요. 쉽지 않은 걸음 해주셔서 진심으로 감사합니다. 평상시엔 이 자리가 꽉 찹니다. 사실 오늘도 빈자리가 없을 만큼 초대를 했는데, 날씨가 궂고 교통체증도 있는 바람에 이렇게 두 분만 모시고 진행을 해야 할 것 같습니다…"

두 명의 고객과 여덟 명의 직원 앞에 우두커니 서 있자니, 머릿속이 복잡하고 짜증도 나고 민망하기까지 했지만 늘 하던 대로 진행을 했다. 설명회가 끝나고 고객들이 돌아간 후 직원들에게 "이유가 뭐든 앞으로 이런 일은 생기지 않게 하자. 나는 한 명이 와도 진행을 한다"라고 말하고는 자리 정리를 지시하고 나왔다.

어쩔 줄 몰라 입도 떼지 못하는 직원들을 뒤로하고 나오자니 또한 번 예전 생각이 스쳤다. 10년간 실패한 후에 딱 1년만 더 해보자며 두 가지 원칙을 세웠었다. 하루에 무조건 20군데 방문, 단 하루도 쉬지 않기.

결과는 나중 일이고, 후회 없는 1년을 만들기 위해 그 두 원칙을 목숨처럼 지켰다. 심한 몸살로 목소리가 나오지 않던 하루를 빼고는 무조건 원칙대로 실천했고, 그 덕분에 지금 이 자리에 내가 있게 된 것이다.

다행히 그 사건(?) 이후 같은 일은 다시 일어나지 않았다. "한 명이 오더라도 진행한다"는 원칙을 리더가 어떤 상황에서도 지키리라는 것을 인지한 직원들은 모객에 매진했고, 결과적으로 서울수도권에서 신제품을 가장 많이 판매한 본부가 될 수 있었다.(그날 세미나에 참석했던 신규 고객 한 명도 계약이 성사되었다.)

원칙은 세우지 않았다면 모를까, 세웠다면 목숨 걸고 지켜야 한다. 그게 원칙의 원칙이다. 리더의 원칙은 조직의 성패로 직결된다는 사실을 반드시 알아야 한다. 삶에 원칙이 없는 사람이 이리저리 방향 없이 흔들리며 허무한 인생을 살 듯, 영업도 원칙이 없다면 성과는 없다.

원칙의 반대말은 변칙이 아니라 핑계이다. 원칙에는 예외가 없다.

04

귀에 못을 박는 기술

몇 년 전 A유아교육 회사에 강연을 간 적이 있다. 시작 전에 여유 있게 도착을 해서 나를 섭외한 실장님과 커피를 마시며 이런저런 얘기를 나누었다.

"대표님, 강연에 참고하시면 좋을 것 같아서 말씀드릴게요. 저희는 유아교육 전문회사이고 업력 40년이 넘은 역사와 전통이 있는 회사입니다. 저희 회장님이 우리는 교육을 하는 회사지 영업을 하는 회사가 아니라고 귀에 못이 박이도록 말씀하셔서 최근 15년간 외부 강사를 불러본 적이 없고, 더군다나 세일즈 강사는 대표님이 처음입니다."

"네, 무슨 말씀인지 알 것 같습니다. 그런데 어떻게 저를 강사로

부를 생각을 하셨어요?"

"제가 우연히 대표님이 쓰신 『영업의 태풍을 만드는 확률세일즈』라는 책을 보게 됐는데, 읽다가 깜짝 놀랐어요. 평소에 저희 회장님이 누누이 말씀하시는 내용들이 일목요연하게 정리돼 있더라고요. 그래서 회장님 책상에 책을 올려드리면서 말씀을 드렸죠.

처음에는 시큰둥하셨는데, 책을 좀 보시더니 생각이 바뀌셨는지 강의 초대를 하라고 하셔서 연락을 드리게 된 거예요. 회장님께 잠깐 인사드리고 강의장으로 가시죠."

충분히 이해가 되었고 회장님 스타일도 짐작이 됐다. 잠시 후 회장님을 만났다.

"제가 그동안 대한민국에서 내로라하는 강사들 많이 초대해봤습니다. 그런데 솔직히 그때뿐입니다. 다시 부르면 좋겠지만, 안 불러도 너무 섭섭해하지는 마세요."

상당히 미심쩍은(?) 듯한 눈초리에 건조한 음성이었으나, 개의치 않고 인사를 나눈 후 두 시간 동안 열강을 했다. 그런데 다음 날 실장님에게 연락이 왔다.

"대표님, 혹시 2주 후에 다시 강의를 해주실 수 있나요?"

"네 시간은 됩니다만… 회장님이 다시 연락 안 와도 섭섭해하지 말라고 하셨는데, 이렇게 연락을 주신 걸 보니 피드백이 나쁘지 않았나 봅니다?"

"네, 맞아요. 끝난 후에 많은 선생님들이 굉장한 열정을 느꼈고 정말 배울 게 많은 강의였다고 칭찬이 자자했습니다. 다시 듣고 싶다는 분도 많고, 이번에는 일정상 못 오셨던 다른 지역 선생님들이 많이 참석하실 것 같아요."

이렇게 열화와 같은 성원(!)에 힘입어 앙코르 강의도 즐겁게 마무리를 했는데, 다음 날 또 연락이 온 게 아닌가.

"대표님, 2주 후에 재강의가 가능할까요?"

"엥? 또요? 아니 무슨 같은 강의를 한 달에 세 번이나 듣습니까?"

"아, 모르시는구나. 저희 회장님 교육 철학이 바로 반복 교육이거든요. 늘 입버릇처럼 '한 번 들으면 다 알 거 같지? 천만의 말씀. 잘 몰라. 같은 내용이라도 반복해서 들으면, 들을 때마다 또 다른 걸 깨닫는 법이다. 그러니 듣고 듣고 또 듣고 해야 내 것이 된다' 라고 하시거든요."

세 차례 강의를 하다 보니 이제는 낯익은 얼굴도 여럿 보였다. 강의가 끝나고 그중 한 분께 물었다.

"같은 강의인데 세 번째 들으니까 지겹지 않으시던가요?"

"아뇨, 회장님이 왜 계속 들으라고 하는지 이제야 알 것 같아요. 저번에는 들리지 않던 게 오늘 새로 들리더라고요. 개척을 어떻게 해야 성공할 수 있는지 이제야 정확히 이해가 됐어요. 정말 감사합니다."

그제야 왜 이 회사가 장수하며 지속 성장할 수밖에 없었는지 깨달았다. 핵심은 '반복 교육'에 있었던 것이다. 덕분에 나도 교육에 대해 새로운 인식을 갖게 됐다. 사실 돌이켜 보면 나도 영업을 가르칠 때 거의 같은 것을 반복해서 가르쳤던 것 같다.

단지 아무리 듣기 좋은 소리도 여러 번 들으면 잔소리로 느껴진다는 것이 흠이라면 흠이다. 하지만 같은 내용을 듣고 또 듣다 보면 언젠가는 귀에 못이 박이고, 한번 생긴 굳은살은 쉽게 사라지지 않으니 결국은 내 몸의 일부가 되는 것이다

세계적인 무술가이자 배우였던 이소룡은 이렇게 말했다.

"나는 천 가지의 발차기 기술을 한 번씩만 연습한 사람은 두렵지 않다. 내가 두려운 건 한 가지 발차기를 천 번 연습한 사람이다."

반복의 누적 효과가 지니는 엄청난 힘을 알았기에, 그도 당대 최고의 무술 연기자가 될 수 있었을 것이다.

'반복 교육'은 잔소리가 아닌 체화의 과정이다. 영업을 잘하려면 새로운 것을 자꾸 배우기보다 지금까지 배운 것 중에 자기에게 제일 잘 맞는 것을 반복하여 온전히 내 것으로 만드는 게 중요하다.

05

고객은 나를 지켜보고 있다

"상무님, 지금 어디십니까?"

"나? 퇴근 중이지. 업무보고하려고 전화했냐?"

"아뇨, 지금 ○○치과 대기실인데 대표원장님이 진짜 만나기 힘
든 분이거든요. 그런데 실장님 말씀이 오늘은 대표원장님이 저를 만
나겠다고 하셨답니다. 지금 진료 중이라 시간이 좀 있는데, 상무님
멀리 안 가셨으면 같이 미팅을 했으면 해서요. 이번에 나온 임플란
트 신제품 말씀을 드리려고 하는데 아무래도 상무님이 해주시면 훨
씬 임팩트가 있을 것 같습니다."

마침 가까이 있던 터라 시간 맞춰 치과에 도착했다. 대표원장과
인사를 나눈 후 신제품 임상 결과와 타 치과에서의 고객 반응 등을

열정을 다해 브리핑했다. 반응이 나쁘지 않더니, 역시나 날 불렀던 지점장의 팔로업 덕에 얼마 지나지 않아 신규 계약을 했다.

제품 세팅과 교육을 위해 치과를 다시 방문했고, 지점장이 안쪽에서 제품을 세팅하는 사이 대기실에 앉아 있는 내게 총괄실장이 말을 건넸다.

"조영세 지점장님 진짜 대단한 분이에요."

"아, 왜 그렇게 생각하세요?"

"저희 치과를 일주일에 한두 번씩 매주 오는 거예요. 처음엔 몇 번 오시다 말겠거니 했는데, 비가 오나 눈이 오나 정말 지겹도록 오시더라고요. 원장님이 만나주시든 말든 상관없이 한 4년은 넘게 오신 것 같아요. 곱상하게 생기셔서 금방 실망하고 돌아갈 줄 알았더니, 웬걸 끈기와 인내가 남다른 분이세요. 저희 원장님 절대로 다른 제품 안 쓰시는데 이렇게 계약까지 한 걸 보면 저분이 정말 대단하죠."

우리 직원이 현장에서 고객에게 이렇게 인정을 받다니 얼마나 감사하고 뿌듯했는지 모른다.

〈나는 네가 지난여름에 한 일을 알고 있다〉라는 영화가 있다. 그 제목을 우리 영업 현장에 맞게 고쳐보자면 〈나는 네가 치과에 와서 한 일을 알고 있다〉 정도가 되지 않을까. 조영세 지점장이 오늘의 결과를 얻기까지 치과에 와서 어떻게 했을지 상상이 됐다.

"안녕하세요? 디오의 조영세 지점장이라고 합니다. 대표원장님 좀 뵈러 왔습니다. 혹시 진료 중이시면 잠깐 인사만 드리고 가겠습니다", "이번에 디지털 세미나가 있어서 초대권 좀 드리러 왔습니다", "신제품이 나왔는데 치과들의 반응이 아주 좋습니다", 혹은 "원장님이 이 내용을 아시면 좋을 듯해서 들렀습니다" 등등.

늘 반듯하고 정중한 자세로 한 주가 멀다 하고 들르는 영업사원이 있다. 매주 거절을 해도 "네, 알겠습니다. 다시 들르겠습니다. 안녕히 계십시오" 하면서 씩씩하게 뒤돌아 나간다. 그리고 그 일을 4년 동안 지속한다.

만약 당신이 고객이라면 그 영업사원을 보면서 무슨 생각을 했을까? 내색은 하지 않아도 조용히 지켜보았을 것이다. 실장님도 그렇게 시간이 제법 흐른 후 치과의 여건이 달라지자 대표원장님에게 미팅 이야기를 꺼냈을 것이다. 혹시 원장님이 우리 제품에 대한 의견을 물었다면, 아마도 긍정적인 답을 했으리라 확신한다.

오래전 일이다. 더운 여름날, 고객 미팅 직전에 화장실에 들렀다. 거울을 보면서 땀으로 얼룩진 얼굴도 닦고, 약간 흐트러진 머리와 옷매무새도 가다듬고, 구두에 내려앉은 먼지도 털어냈다. 이렇게 예쁘게(?) 치장을 하고 있는데, 볼일을 마친 나이 지긋한 분이 세면대에서 손을 씻으면서 나를 힐끔 쳐다보더니 먼저 나갔다.

나도 미팅이 예정된 고객사로 가서 안내를 받아 기다리고 있었다. 그런데 좀 전에 화장실에서 잠깐 보았던 노신사가 들어왔다.

"대표님이셨군요. 화장실에서는 몰라봬서 죄송합니다."

"하하, 얼굴을 모르니 당연한 거지요."

그렇게 훈훈한 분위기로 미팅이 진행되는 와중에 고객이 이렇게 물어왔다.

"미팅 전에 늘 화장실에 들르나 봐요?"

"네, 습관입니다."

"저도 예전에 영업 많이 다녔는데, 고객 만나기 전에 늘 화장실을 갔던 게 기억나네요."

며칠이 지나 연락이 왔고 결과는 '해피엔딩'이었다. 우연이긴 해도 고객을 만나기 전 꽃단장(?)하는 내 모습에 조금이나마 더 신뢰가 생겼던 게 아닐까 생각한다.

혼자 있어도 늘 사람 많은 시장에 있는 것처럼 언행을 신중히 하라는 옛 선인의 말씀이 있다. 나는 이 말이 영업 현장에도 적용된다고 생각한다. 고객은 무심한 듯해도 내가 현장에서 하는 행동 하나하나를 조용히 지켜보고 있다는 걸 잊지 말자.

사람들은 할 수 있다고 생각하기 시작할 때라야
가장 비범한 모습을 보이게 된다.
자기 자신을 믿을 때
성공의 첫 번째 비결을 갖게 되는 것이다.

— 노먼 빈센트 필

독서를 하면 올바른 생각과 마음가짐을 배울 수 있다.

어느 분야든 성공한 사람들은 올곧은 생각과 마인드를 갖추고 있다.

다행스럽게도 나는 책을 통해 성공한 많은 이들을 만났고,

그들은 내게 간접적으로 훌륭한 가르침을 주었다.

PART 5

독서에서
영업의 지혜를 얻다

01

독서의 양과
수입은 비례한다

세계적인 동기 부여 강연자 브라이언 트레이시는 이렇게 썼다.

"자기 분야의 책을 일주일에 1권씩 5년을 읽으면 국내 최고가 될 것이고, 7년을 읽으면 세계 최고가 될 것이다."

1년은 52주이니 약 50권이라고 잡는다면 5년이면 250권, 7년이면 350권의 책을 읽을 수 있다는 계산이 나온다. 이렇게 독서를 하여 한 분야의 최고가 된다면 명예는 물론이요, 수입은 저절로 따라올 것이다. 다시 말해 독서를 하면 실력과 수입에 직접적인 영향을 준다는 얘기인데, 내가 바로 그 산증인이다.

나의 진정한 독서는 세일즈와 함께 시작됐다. 특별한 배경이나 학력, 스펙 없이도 순전히 자기 노력으로 성공하고 돈도 많이 벌 수 있는 영업이라는 일에 매력을 느꼈기에 부푼 꿈을 안고 뛰어들었다. 하지만 높기만 하던 기대는 그리 오래지 않아 무너져 내렸다. 금세 성공하기는커녕, 생활비조차 벌기 힘들었다.

아이템에 문제가 있다고 생각해 생활용품 유통판매, 휴대폰 판매, 건강식품 판매, 렌털 영업 등 여러 번 회사를 옮기며 아이템을 바꿔봤지만 결과는 참 한결같게도 실패였다. 영업은 자본을 투자하는 일이 아니어서 사업처럼 큰 리스크가 있진 않지만, 급여 생활자가 아니기에 스스로 수입을 벌어야 한다. 그런데 생활을 유지할 만한 최소한의 수입도 못 벌다 보니 빚이 생기기 시작했다. 월세, 공과금, 휴대폰 요금, 자동차 유지비, 밥값 등등 그야말로 최저생활비조차 벌지 못하니 마이너스만 속절없이 쌓여갔다.

끊임없이 새로운 일을 찾아 도전했지만 실패만 거듭되었다. 카드도 정지되고, 여기저기서 빚 독촉을 해오고, 월세를 내지 못하니 도둑고양이처럼 주인아주머니를 피해 다녔다. 가뜩이나 눅눅한 반지하방에 암울함이 더해질 뿐이었다.

가장 슬펐던 건, 오늘보다 내일이 나아지리라는 희망이 전혀 보이지 않았다는 것이다. 내일은 더 좋아질 거란 희망이 있어야 고통과 절망을 참아낼 수 있으련만, 출구 없는 어둠의 터널에 갇힌 것만 같아 숨 쉬는 것도 버거웠다. 그렇게 점점 몸과 마음이 황폐해지면서 끝없이 추락하는 생활. 이것이 나의 영업 인생 전반전 10년이었다.

그러나 실패 속에 몸부림치는 와중에도 "세일즈로 성공하려면 반드시 책을 읽어야 한다"는 누군가의 말을 떠올리며 무작정 책을 읽기 시작했다. 처음에는 이미 성공한 사람들의 이야기를 읽는 것만으로도 힘이 솟고 신이 났다. 하루하루 고된 일과에 힘은 들었지만, 늦은 밤까지 손에서 책을 놓지 않았다. 하지만 그렇게 희망에 찬 독서의 시간은 길지 않았다. 빚이 쌓여 지하방에서 지하방으로 여러 번 옮기며 월세를 내지 못해 보증금이 줄고, 점심 먹을 돈은커녕 차비도 벌지 못하는 날이 계속되자 소주나 들이켜고 방구석에 콱 처박혀 죽고 싶은 적이 한두 번이 아니었다.

그런데 습관이란 참 무서워서, 아무리 절망적인 순간에도 나의 독서는 계속되었다. 책을 읽는 시간만큼은 현실의 막막함을 잊을 수 있었고, 현실에서 받지 못하는 위로를 책 속에서 찾았다. 지금의 나보다도 힘든 상황에서 절망을 희망으로 바꾼 누군가의 이야기를 읽으며, 내일 펼쳐질 지옥을 견딜 힘을 얻고자 했다. 비단 세일즈에 관한 책이 아니더라도, 편하게 읽히면서 위안과 용기를 주는 내용들을 주로 찾아 읽었다. 양을 의식하지도 않았다. 숙제처럼 '몇 권을 읽어야지!' 하기보다는 그저 틈틈이 읽었다. 한 달에 여러 권을 읽기도 하고, 한두 권도 못 본 적도 있었다.

심신이 완전히 지쳐 진이 빠진 날에는 손에 책을 들 힘이 없어 읽지 못하는 경우도 있었다. 말 그대로 '힘'이 있어야 책도 읽을 수 있다는 새로운 사실을 경험으로 깨달았다. 영업하는 내내 독서를 생활화했지만, 10년 동안 내 생활은 곤궁했다. 어쩌면 5년 동안 250권을 읽으면 국내 최고의 전문가가 될 수 있다는 브라이언 트레이시의 말은 내 경우와는 맞지 않았는지도 모른다. 그렇지만 좀 더디긴 했어도 10년이 끝나가는 시점에 독서와 실력의 연관성이 현실로 드러나기 시작했다.

어느 보험 영업사원의 글을 보고 나서 영업에 새로이 눈을 떴고, IT통신 영업에 도전하며 하루 20군데 신규 방문이라는 목표를 설정하고 단 하루도 쉬지 않겠다는 결심을 1년간 실천한 결과 2009년 억대 연봉 진입, 2010년에는 억대 연봉을 넘어섰다. 그 후 해를 거듭할수록 성장하면서 브라이언 트레이시의 말은 현실이 되었다.

그가 왜 그렇게 말했는지 내 경험에 비추어 곰곰이 되짚어보면 두 가지의 이유가 있는 것 같다.

첫째, 독서를 하면 올바른 생각과 마음가짐을 배울 수 있다. 어느 분야든 성공한 사람들은 올곧은 생각과 마인드를 갖추고 있다. 그런데 안타깝게도 오래전 내 주위에는 그것을 보여주거나 가르쳐줄 사람이 단 한 명도 없었다. 하지만 다행스럽게도 책을 통해 성공한 많은 이들을 만났고, 그들은 내게 간접적으로 훌륭한 가르침을 주었다. 두려움에 맞서는 용기, 뒤를 돌아보지 않는 결단력, 포기하지 않는 인내, 타협하지 않는 원칙, 절벽을 딛고 선 간절함, 꿈을 향한 끝없는 도전정신…. 성공에 필요한 수많은 덕목을 책으로 배우고 영업에 성공하면서 좋은 성과를 낼 수 있었다.

둘째, 독서로 말미암아 나의 그릇이 커진다. 무릇 돈이란 사람의 그릇만큼 채워진다. 내 그릇보다 많은 돈이 들어오면 흘러넘치고, 감당이 안 될 정도라면 그릇은 깨져버리고 만다. 세일즈로 성공하겠다는 야심 찬 포부로 시작은 했지만, 오래전의 나는 성공을 담을 준비가 전혀 안 되어 있었다. 어쩌면 그 상태에서 성공하고 돈을 벌었다면 나라는 그릇은 망가져버렸을 것이다.

하지만 행운인지 불행인지 꼬박 10년 동안 난 전혀 성공할 기미가 보이지 않았다. 다만 실패 속에서도 독서는 치열하게 계속되었고, 일정 기간이 지나면서 나라는 사람의 그릇이 조금씩 커지고 다듬어지는 변화가 일기 시작했다. 그 결과 월 100만 원도 못 벌던 10년의 시간을 거쳐, 열 배가 넘는 성장을 경험하게 되었다.

고액 복권 당첨자들을 추적 조사해보면 당첨 전보다 훨씬 가난한 삶으로 전락한 경우가 무척 많다는 이야기를 들어본 적이 있을 것이다. 처절하리만치 가난한 삶을 살던 예전의 나였다면 주머니에 아무리 큰돈이 들어온들 밑빠진 독처럼 줄줄 새고 말았을 것이다. 하지만 10년이 지난 후의 나는 돈의 무게에 짓눌려 흥청망청하거나 나태해지는 일 따위는 발생하지 않았다. 그동안의 독서로 넉넉한 그

롯은 물론 절제의 힘까지 갖추게 되었기 때문이다.

물론 내가 성장하는 데는 독서뿐만 아니라 여러 다른 요소들이 복합적인 영향을 주었으리라고 생각한다. 현장 경험이 쌓이면서 영업 실력도 배가되었을 테고, 거듭된 실패 속에 두려움과 싸우는 용기도 커졌을 것이며, 한 살 한 살 나이를 먹으면서 인생 경험도 쌓였다. 그래도 가장 큰 영향을 준 것이 독서였다는 내 생각은 변함이 없다.

물론 책 한 권을 읽었다고 갑자기 천지개벽하듯 영업이 잘되고 돈이 막 벌릴 수는 없다.(딱 한 권의 책만 읽은 사람이 제일 위험하다는 말도 있다.) 당연히 시간이 걸리고, 사람마다 편차가 있다. 나처럼 10년이 걸릴 수도 있다. 그러나 확실한 것은 독서야말로 성장과 성공의 시간을 앞당기는 가장 훌륭한 도구라는 사실이다.

02

한 권에서 한 줄만 남겨도
독서는 대성공이다

내 서재에는 수백 권의 책이 꽂혀 있다. 대부분은 읽은 책들이다. 그런데 세월이 지나다 보니 지난날 분명 감명 깊게 읽었던 책임에도 내용이 기억나지 않는 경우가 많다. 시간이 흐르고 많은 일을 겪으며 지내다 보면 자연히 기억나는 것도 있고 그렇지 않은 것도 있기 마련이다. 하지만 시간과 노력을 들여 독서를 했는데 아무것도 남지 않았단 생각이 드니 왠지 모를 허탈감마저 들었다.

그러다 어느 날 한 권의 책에서 너무 많은 걸 얻으려는 건 욕심이 아닐까 싶은 마음이 들었다. 그래서 한 권의 책에서 내가 판단하기에 중요한 것 딱 한 가지, 수많은 문장 중에서 딱 한 줄만이라도 남기는 것을 목표로 독서의 방법을 바꾸었다. 다이어리 쓰듯 이곳저곳에 꼼꼼하게 메모를 해가며 읽기보다, 물 흐르듯 자연스럽게 읽어 내려다가 이거다 싶은 문장을 만나면 그곳에만 밑줄을 긋거나 내 감정을 살짝 메모했다.

책을 읽다 보면 의식 속에 곧바로 저장되는 것도 있고, 나도 모르게 무의식 속에 저장되었다가 어느 순간 떠오르는 것도 있다. 내가 원하는 것은 어느 때고 꺼내어 볼 수 있도록 의식 속에 또렷이 저장되는 한 구절이다.

"오늘보다 내일이 나아지지 않는다면, 군이 당신에게 내일이 필요할 이유가 무엇이겠는가?"

유대인에 관한 두툼한 책을 읽다가, 다 좋은 내용이지만 이 한 줄을 찾아 머릿속에 남겨놓았다. 그러면 책장에 꽂힌 이 책을 볼 때마다 그 한 줄이 생각나고, 그때마다 나의 '오늘'은 어떠한지 반추해보게 된다. 이런 식으로 한 줄만 남긴다고 생각하고 독서를 하면 홀가분하게 스트레스 없이 읽을 수가 있다.

가령 지금 당신이 이 책을 읽고 있다. 나는 나의 영업 경험을 통해 느낀 것들, 성공하기 위해 필요하다고 생각하는 많은 것들을 나열해놓았다. 작가인 내 입장에서는 어느 것 하나 소홀히 할 수 없는 내용이다. 하지만 독자가 그 하나하나의 내용과 일화를 다 기억할 수는 없다. 다만 딱 한 가지라도 의식에 담고 소화하고자 결심한다면 독서는 의미가 있다.

　'아, 이 사람은 무조건 하루 스무 곳을 방문했구나. 그럼 나도 그걸 목표로 삼고 오늘부터 실천으로 옮겨보자.'

아마 이 독자는 나중에 서가에 꽂힌 책등만 보고도 '하루 20군데'가 떠오를 것이다. 그러다 혹시 다시 집어 들게 된다면 또 다른 한 줄이 뇌리에 박힐 수도 있다. 이런 식으로 독서를 하면 뭐 하나라도 남는 실속 있는 책 읽기를 할 수 있다.

조신영 작가가 쓴 『쿠션』이라는 책이 있다. 나는 누군가에게 책을 선물할 기회가 생기면 이 책을 선물한다. 딱히 책을 좋아하지 않는 사람이라도 읽기에 편하고 내용도 잔잔한 감동으로 채워져 있다. 사실 이 책은 오래전 한 번 읽은 게 전부이지만, 한 구절이 여전히 기억에 남아 다른 이들에게 선물로 주게 되었다.

"사람의 마음에는 쿠션이 필요하다. 외부의 일에 일일이 반응하는 것은 외부로부터 내 마음을 보호하는 쿠션이 없거나, 있어도 솜이 빠져 너무나 얇기 때문이다."

정확한 단어 하나하나까지 기억하지는 못하지만, 대략 이러한 내용이었다. 이 글귀를 읽고 나서 마음의 충격을 완화해줄 풍성한 쿠션을 갖추기 위해 부단히 노력했던 것 같다.

미술에 관한 어떤 책을 보다가 미술, 정확히는 미술가들의 삶과 예술혼에 관심이 생겼다. 그 책에서는 몇몇 장면이 내게 남았는데,

야수파의 대가 앙리 마티스가 고령에 몸이 아파 입원을 하고서도 병상에 누워 낚싯대에 연필을 매달아서 벽에 캔버스를 붙여놓고 죽기 직전까지 그림을 그렸다는 것이다. 나는 예술가는 아니지만, 과연 이런 열정이 있는지 스스로를 되돌아보게 되었다.

또 다른 책에서는 미켈란젤로가 〈피에타〉라는 조각을 완성하기까지 사포질을 6만 번 했다는 내용을 읽었다. 그리고 상상조차 하기 힘든 그 고통과 열정에 경외심을 느꼈다.

한 권의 책에 담긴 많은 이야기를 내 마음에 전부 담을 수 있다면 그보다 더 좋을 수는 없을 것이다. 하지만 한 권의 책은 작가가 자신의 지식과 경험, 철학과 가치관 등을 오랜 시간 공들여 정리하고 서술하여 세상에 내놓은 결정체이다. 그것을 고작 몇 시간의 투자로 다 소화하겠다는 것은 욕심일 수 있다.

그러니 한 권에서 한 줄만(혹은 한 줄이라도) 남기겠다는 현실적인 목표를 가지고 독서를 한다면, 어렵지 않게 그 목표에 도달할 수 있다. 오늘 읽은 책에서 단 한 줄의 여운이라도 남아 평생을 간다면 그보다 남는 장사가 어디 있겠는가?

03

불타는 갑판 위에서

경영 사상가 고 구본형이 쓴 『익숙한 것과의 결별』이라는 책에 앤디 모칸이라는 사람의 얘기가 나온다.

1988년 7월, 영국 스코틀랜드 근해 북해 유전에서 석유 시추선이 폭발하는 사고가 발생한다. 이 시추선에는 169명이 타고 있었고, 그중 앤디 모칸도 있었다. 배가 폭발하면서 엄청난 굉음과 함께 여기저기 불길이 치솟았고 시추선은 아수라장이 됐다. 시추선에서 흘러나온 기름으로 검푸르게 변한 바다에도 불이 붙어 그야말로 불바다를 이루었고, 아비규환의 지옥에서 수많은 사람들이 뒤섞여 삶과 죽음을 오갔다. 그 절체절명의 순간, 한 사람이 불타는 망망대해로 몸을 던졌다. 그리고 그는 이 대형 사고에서 목숨을 건진 유일한 생존자가 되었다. 그가 바로 앤디 모칸이다.

이 이야기는 실화이다. 이 책을 읽던 당시 나의 상황도 끝이 보이지 않는 바다 한가운데에서 생사의 갈림길에 선 선원과 크게 다를 것이 없었다. 선택의 자유가 있는 삶을 살기 위해 영업이라는 직업을 택했지만, 도전하는 것마다 줄줄이 실패하고 언제 삶의 절벽에서 추락할지 알 수 없었다. 날마다 깜깜한 나락을 내려다보며 숨만 붙어 있는 것과 마찬가지였다.

이런 상황에서 이 책의 서문에 실린 '불타는 갑판' 이야기를 읽으니, 나 역시 인생과 영업의 불타는 갑판 위에 서 있단 생각이 들었다.

'이래도 죽고 저래도 죽는 상황에서 168명은 100%의 죽음을 선택했지만 앤디 모칸은 혹시 모를 1%의 생존 가능성에 몸을 던져 살아남았다. 그렇다면 나도 혹시 모를 단 1%의 가능성에 모든 것을 던져봐야 하지 않을까?'

어차피 실패할 거라면 한 번이라도 제대로 뭔가를 해본 후에 관두자는 마음이 강하게 일었다.

'하루 20곳을 신규 방문하는 개척 영업을 1년 동안 해서 성공하지 못한다면 그땐 나는 안되는 인간이다. 정말 딱 1년만 해보고 안된다면 깨끗이 영업을 관두자!'

그렇게 결단을 내리고 앤디 모칸의 심정으로 날마다 현장에 뛰어들었다. 어차피 1%의 가능성만을 기대하고 덤벼드니, 냉대와 거절이 일상인 현장에 대한 두려움이 사라졌다. 하루에 수십 번 시베리아 같은 한기에 맞닥뜨려도 이미 죽을 각오로 차가운 바다에 뛰어든 나에게는 아무런 위력을 발휘하지 못했다.

'오늘 나의 시도가 100% 거절을 당할 수도 있다. 하지만 혹시 아는가? 단 1%의 가능성이 있을지도 모른다. 해보지 않으면 절대 알 수 없는 일이다!'

그렇게 수없는 반복을 통해, 시도하지 않으면 100% 부정이지만 시도를 하여 1%의 가능성을 만들면 그것이 곧 긍정으로 이어져 고객이 된다는 진리를 깨우쳤다.

영업을 다니다 보면 사옥 입구부터 으리으리한 회사들이 있다. 그런 곳 앞에 서면 왠지 위축이 되고 자신감이 떨어지면서 '이렇게 큰 데는 들어가봤자 니즈가 없을 거야' 하며 스스로를 합리화하고픈 생각이 들기도 한다.

하지만 얼른 마음을 바꿔 먹는다.

'아니야. 혹시 알아? 뭔가 이슈가 있거나, 교체를 검토하고 있을지도 모르잖아? 가서 만나봐야 아는 거야. 1%의 가능성을 믿고 들어가보자.'

물론 대부분은 거절을 당했다. 하지만 1% 가능성에 대한 도전이 성공으로 이어지는 경우도 간혹 생겼다. 그럴 때면 앤디 모칸이 내 옆에서 미소를 짓는 것 같았다.

어쩌면 영업은 하루하루 불타는 갑판에 서는 일일 수도 있다. 나를 기다리지 않는 신규 고객을 무작정 방문하고, 재방문 약속을 위해 타이밍을 고민하며 전화를 하고, 무슨 말을 건네야 할지 노심초사하며 단어를 선택한다. 찌는 듯한 더위에도, 영하 10도 한파에도 희박한 가능성에 희망을 걸고 어디로든 고객을 찾아 나서야 한다.

1%의 가능성에 도전하기 위해 자신과의 싸움을 하며 현장으로 나갈 것인가, 100%의 죽음을 선택하여 조용히 작별을 고할 것인가. 이것은 오롯이 스스로의 선택이다.

오래전 먼바다의 불타는 갑판 위에서 살기 위해 망망대양으로 뛰어든 한 남자가 있었다. 그리고 모든 것을 내려놓으려던 찰나에 나도 그를 따라 '현장'이라는 포효하는 바닷속으로 뛰어들었다.

만일 지금 당신도 불타는 갑판 위에 서 있다면 가만히 100%의 죽음을 기다리기보다 혹시 모를 1%의 가능성을 믿고 바닷속으로 뛰어드는 세 번째 사람이 되어보는 건 어떤가?

'죽으면 어떡하지?'라고 미리 두려워할 필요는 전혀 없다. 앤디 모칸도 살았고 나도 살았으니 당신도 충분히 살 것이다.

04

조바심에 일침을 가한
퇴계 선생의 한마디

영업을 하다 보면 잘되는 날보다 안되는 날이 훨씬 많다. 가는 곳
마다 만나는 사람마다 열을 올리며 '회사, 아이템, 서비스'를 얘기한
다 해도 "아니, 세상에 이 좋은 걸 왜 이제야 가지고 나타나셨어요?"
하는 사람은 많지 않기 때문이다. 하루 종일 발바닥에 불이 나게 뛰
어다니며 입에 거품을 물고 열변을 통해도 '니즈' 있는 고객은커녕
뺨이 얼얼한 냉기의 쓰나미만 맞다가 하루가 끝나버리면 몸도 마음
도 파김치가 된다.

영업자는 급여 생활자가 아니기에, 실적이 안 나오면 초조하고
불안해질 수밖에 없다. 그러면 '조바심'이란 놈이 스멀스멀 마음을

좀먹기 시작한다.

월초에는 그래도 시간적 여유가 있고 새로운 한 달에 대한 기대가 있어서 괜찮다. 그런데 변변한 실적도 없고 가망 고객도 거의 만나지 못한 채 중순이 지나 말일에 다가서면 조바심이 온몸 구석구석 퍼져 마구 날뛰기 시작한다. 마음은 혼탁하고, 머리는 복잡하고, 다리는 천근만근이 되어 어디 있든 좌불안석이다. 세상만사가 절망적으로 보이고, 어떤 고객을 만나도 '니즈'가 없을 것 같고, 그나마 몇명 있는 가망 고객도 다 'NO'를 할 것만 같다. 세상에 나만큼 무능하고 나약한 인간이 없구나 싶은 자괴감과 자기 학대가 이어진다.

어느 조직이든 지난 한 달의 성과를 축하하고 다시 한 달을 새롭게 시작하자는 의미의 월례회가 있다. 한 달 동안의 노고를 치하하고 성장한 동료를 축하하는 뜻깊은 자리지만, 나는 축하받지 못하고 늘 누군가를 위해 박수를 쳐야 한다면 이보다 더 슬픈 상황은 없다. 이때도 조바심이 고개를 든다. 조바심에 노출되면 그나마 있던 자신감도 사라지고 자기 동정과 피해의식, 위축감에 휩싸인다.

사실 나는 조바심과 오랫동안 친구로 지냈다. 우울하고 슬플 때 죽마고우를 만나 소주 한잔 들이켜면 아무 말 하지 않아도 마음이 참 편안하다. 그런데 이 조바심이란 놈은 참으로 오래 나와 함께했건만 오히려 불안함, 초조함, 열등의식만 가져다줄 뿐이었다.

그러던 어느 날 책을 읽다가 마음에 일침을 가하는 글귀를 하나

발견했다.

'벼 이삭을 잡아당긴다고 벼가 빨리 자라지 않는다.'

퇴계 이황 선생님의 가르침을 정리한 『함양과 체찰』이라는 책에 실린 문장이다.

벼가 충분히 뿌리를 내리고 자라 이삭이 알알이 차기 위해서는 시간이 필요하다. 논바닥에 모내기를 해놓고 내 마음처럼 빨리 자라지 않는다고 벼 이삭을 냅다 잡아당기는 농부는 세상에 없다. 이 글은 내게 큰 울림을 주었다. 조바심에 쫓기어 살던 인생에 따끔한 회초리를 맞은 듯한 느낌이었다.

그 뒤로 생활 속 나의 태도에 변화가 일어났다. 월초와 월말, 연초와 연말이라는 시간의 경계에 얽매이지 않고 하루하루 묵묵히 내 일을 할 수 있는 힘을 길렀다. 특정한 날이 아니라 날마다 결단을 내릴 수 있게 되었다. 고객의 YES와 NO에 기분이 좌지우지되는 일도 점차 사라졌다. 몸 컨디션이나 날씨가 일에 큰 영향을 주는 일도 없어졌다.

현장에 온몸을 던진다면 좋은 결과는 당연히 따라온다는 믿음과 확신으로 일을 하다 보니, 실적이 안 좋은 팀원을 대하는 자세도 달라졌다. 예전 같으면 나의 기준으로 호되게 나무랐을 일도 인내심을 갖고 가르치는 쪽으로 변화했다. 벼도 자라나는 속도에 차이가 있듯 사람도 같은 속도로 성장하지 않는다는 것을 깨달았기 때문이다. 그

중 가장 어려웠던 것은 권한을 위임하는 일이었는데, 내가 직접 하면 한 시간이면 될 일을 몇 시간씩 걸려서 하는 걸 보면 무척 답답하게 느껴졌기 때문이다. '과연 이 일을 잘 해낼 수 있을까?' 하는 의구심이 들면 무언가를 지시하기가 더 어려웠다. 하지만 그때마다 이황 선생님의 말씀을 떠올리며 눈 딱 감고 맡겼다.

그러다 보니, 시간이 걸리기는 해도 벼 이삭은 자란다는 사실을 알게 되었다. 모든 걸 직접 해야 하고 내가 아니면 안 된다는 생각도 많이 바뀌었다. 내가 없이 되는 일도 많고, 대체할 수 있는 사람도 많다.

물론 그때 이후로 아예 조바심의 타깃이 되지 않았던 것은 아니다. 사람이다 보니 여전히 조바심은 때때로 찾아든다. 하지만 횟수가 현저히 줄었다. 예전에는 만성 증후군 같았다면 지금은 감기처럼 찾아온다. 그러니 가만히 있으면 자연스럽게 지나가는 것에 괜한 호들갑 떨 필요가 없다.

같이 일을 시작한 동료가 나보다 훨씬 실적도 높고 평판도 좋고 잘나가면 당연히 축하할 일인 걸 알면서도 괜스레 질투가 나고 조급함이 몰려온다. 제법 긴 기간 영업을 해서 돈을 벌긴 했는데 남아 있는 건 전세 보증금이 전부다. 친구들은 다 집을 샀다는데 난 뭘 했나 싶다. 나이는 들어가고 이뤄놓은 건 없고 먹고살아야 하니 일은 하지만 실적은 바닥을 면치 못한다. 생활비도 마이너스고, 영 희망이 보이지 않는 것 같다. 언제까지 이런 삶을 살아야 할까 싶다.

　성공하고는 거리가 먼 것 같고, 현실과 꿈의 거리는 더 아득하고, 이제 와서 다시 돌아갈 수도 없는데 앞으로 나아가기도 힘든 상황…. 이럴 때 조바심이 득달같이 찾아와 평정심을 빼앗고 불안과 염려의 불씨를 심어놓는다.

　퇴계 선생님의 말씀을 기억해야 할 타이밍이다.

　'벼 이삭을 잡아당긴다고 벼가 빨리 자라지 않는다!'

05

좋은 인간관계는
실력이 만든다

어느 날 책을 보고 있는데 형이 말했다.

"너는 성공하겠단 놈이 집에서 만날 책이나 보고 있냐? 그럴 시간에 밖에 나가서 널 도와줄 사람들을 만나. 술도 먹고 인맥도 쌓고 해야 누가 도와주지, 책이나 보면서 언제 성공하냐? 한심하다, 한심해."

머리가 띵했다. 틀린 말 같지 않았기 때문이다.

'형 말마따나 책 읽는 시간에 사람들을 만나서 인맥을 만들어야 하는 게 아닐까? 나는 누구한테 부탁을 잘하는 성격도 아니고, 많은 인간관계를 맺는 성격도 아닌데….'

별안간 불안감이 몰려왔다. 성공을 위해 나보다 나은 이들의 도움이 필요한 것은 틀림없기 때문이다. 그날 이후 마음이 한참을 오락가락했다.

그러다 어느 책에서(나는 여전히 독서 중이었다) 그러한 고민에 시원하게 답을 제시해주는 글귀를 발견했다. 대략 이런 내용이었다.

"사람들은 성공하기 위해 좋은 인간관계가 필요하다고 생각한다. 그래서 이런저런 수많은 모임에 나가서 얼굴을 알리고 명함을 뿌리는 소위 '네트워킹'을 한다. 그러나 다 쓸데없는 짓이다. 그럴 시간에 자신의 실력을 쌓아라. 실력이 쌓이면 내가 원하지 않아도 좋은 인간관계는 저절로 형성된다."

실력이 쌓이면 저절로 좋은 관계가 형성된다는 말에 힘이 났다.

'그래, 맞다. 내가 실력이 없으면 누가 나와 관계를 맺으려 하겠는가? 아니, 관계를 맺었다 한들 지속이 되겠는가? 이제부터라도 진짜 내 실력을 쌓아가자.'

IT통신 영업에 재도전하면서 확률세일즈로 나와의 싸움을 시작했고, 실력을 쌓아나갔다. 누굴 만나는 일은 아예 하지 않았다. 오로지 집과 영업 현장을 오가는 일만 반복했다. 날마다 오늘의 활동 계획을 세워 그대로 움직이고, 저녁이면 하루를 정리하며 반성하고 잘한 것은 스스로 칭찬하며 용기와 힘을 주는 책을 보다 잠이 들었다.

그러면서 현장의 수많은 거절은 굳은살이 되어 박이고, 단단한 근육이 되었다. 실력이 늘자 1년이 지날 때쯤엔 폭발적인 성장이 일어났다. 그리고 어느 시점인가부터는 내 의지와 상관없이 좋은 사람들과의 만남이 자연스레 생겨났다. 지하방에 살 때는 쳐다보기조차 힘들었을 사람들과 커피도 마시고 밥도 먹는 관계가 형성되었다.

그러다 책을 출간하고 확률세일즈를 알리기 위해 강연을 시작했다. 하지만 무명 강사인 나를 초빙하는 곳은 없었다. 그러자 오래전 봤던 그 글귀가 떠올랐다. 나는 강사라는 새로운 일에서 실력을 쌓기 위해 영업 실패와 성공의 경험을 압축하여 강연안을 만들었고, 올바른 영업 성공 방법을 전달하기 위해 공개 강연을 시작했다. 한 회 한 회가 거듭되면서 세일즈 강사로서 실력이 늘었고, 점점 더 많은 사람들이 확률세일즈를 알게 되었다. 강연을 통해 새로운 인간관계가 형성되었고, 나를 지지하고 응원해주는 이들이 늘어났다. 그 덕분에 기업체 강연 의뢰도 지속적으로 들어왔고, 세일즈 강사라는 새로운 직업에 성공적으로 안착할 수 있었다.

나의 생활 패턴은 아주 심플하다. 아침에 눈을 뜨면 사무실에 출근해서 하루를 시작하고 저녁에는 일찍 마무리하고 퇴근한다. 가족과 즐겁게 저녁밥을 먹고 때로는 아내와 맥주도 한잔하면서 서로의 하루를 나누고, 내일 새벽을 준비하며 일찌감치 잠이 든다. 특별한 일이 없는 한 누군가를 잘 만나지 않는다. 그럴 시간에 책을 보거나 글을 쓰거나 어떻게 하면 일을 더 잘할 수 있을까 고민한다. 다시 말하면, 어떻게 하면 내일은 오늘보다 더 잘 살 수 있을까 생각하는 것이다.

나랑 관계있는 사람에게 무언가를 부탁하면 한 번쯤은 도와줄 수 있을 게다. 하지만 내게 실력이 없다면 그런 행운은 결코 반복되지 않는다. 여러 모임에 얼굴을 내밀고 명함을 건네는 건 좋은 일이다. 시간이 허락한다면 많이 해도 좋다. 하지만 그러기 전에 '나에게는 누구도 흉내 낼 수 없는 실력이 있는가?' 자문해야 한다. 만약 자신 있게 답할 수 없다면 실력부터 갖추는 게 먼저다.

많은 사람들과 네트워킹을 하지 않으면 일이 잘 안되는 게 아닐까 불안해할 필요가 전혀 없다. 내가 실력이 없으면 어차피 인간관계는 지속되지 않는다. 염려할 시간에 내 일에 집중하여 최고가 되는 것이 곧 좋은 인간관계를 만드는 가장 빠른 길이다.

그렇다면 실력을 쌓을 수 있는 곳은 어디일까? 바로 영업 현장이다. 오로지 현장에서만 실력을 쌓을 수 있다.

실력을 갖춰라. 현장에 온몸과 마음을 던져라. 그러면 좋은 인간관계는 저절로 따라온다.

현장은 그야말로 가시밭이다.

그래도 답은 현장에 있으니 그 길을 걸어야 한다.

어제의 뼈아픈 고통을 참아내고 현장으로 다시 가기 위해서는

자기만의 강력한 동기 부여가 반드시 필요하다.

PART **6**

초보 영업자에게
건네는 조언

01

현장으로 발이 떨어지지 않을 땐 절망적인 미래를 상상하라

영업 성공의 답은 현장에 있다. 일이 잘되든 안되든 답은 다 현장에 있다. 이걸 모르는 영업인은 단 한 명도 없다. 그러나 머릿속으로는 잘 아는데도 공통적으로 힘들어하는 게 하나 있는데, 바로 '매일 현장에 나가는 것'이다.

나도 여기서 자유롭지 못하다. 확률세일즈로 개척 영업을 하면서 니즈 있는 고객을 찾아 나섰지만 거절만 수십 번 당하고 고객의 얼굴은 코빼기도 보지 못하는 날이 있다. 그래도 다음 날 다시 현장을 나간다. 그리고 또 여기저기서 거절만 당하고 허탕을 친다. 이런 상태가 몇 날 며칠 계속되고 날씨마저 심술이라면 자신있게 현장으로 나갈 사람이 몇이나 될까? 사람은 누구나 힘들면 쉬고 싶고, 더운 날 추운 날은 몸 편한 곳이 그립다. 나라고 예외가 아니다.

나 역시 '오늘 하루 쉴까?'를 수도 없이 되뇌면서 집 밖을 나서기가 두려웠던 적이 수천수만 번 있었는데, 그럼에도 하루도 쉬지 않고 현장으로 향하게 한 원동력이 있었다.

'오늘 현장을 나가지 않으면 난 앞으로 어떻게 될까? 여전히 지하방에서 월세 독촉에 시달리겠지? 내 신세처럼 벌벌 떨고 있는 저 똥차를 계속 끌고 다녀야겠지? 시골 계신 아버지께 용돈 몇 만 원도 드리지 못하는 못난 아들로 살아야겠지?

무능하고 가난한 놈에게 귀한 딸을 줄 부모는 없으니 평생 노총각으로 늙어가겠지? 신용불량자로 빚 독촉에 시달리면서 김치를 안주 삼아 소주나 마시는 처량한 신세를 못 벗어나겠지? 독수리처럼 멋지게 활공하면서 선택의 자유가 있는 멋진 삶을 살겠다던 꿈도 산산이 조각 나버리겠지? 지금껏 주변 사람들에게 사람 구실 한번 제대로 못하고 살았는데 계속 변변한 사람 구실도 못하며 빌빌대고 있겠지?'

이렇게 지금의 상태가 계속되면 어떤 미래가 닥칠지 상상을 해보는 것이다. 그러면 너무나 생생하게 그 모습이 그려지면서 몸서리가 났다. 이렇게 계속 사느니 차라리 죽는 게 낫다는 생각이 들 정도였고, 자연히 문을 박차고 현장으로 향하게 되었다. 지금의 현실을 미래에는 결코 다시 마주하고 싶지 않다는 간절함, 이게 내가 날마다 현장을 나갈 수 있었던 비결이다.

영업을 선택한 이유는 사람마다 다르다. 나처럼 '빽'도 없고 가난하고 배운 것도 없는 사람이 성공할 수 있는 일이란 얘기를 듣고 무작정 선택했을 수도 있고, 누군가는 여러 선택지 중 하나로 골랐을 수도 있다.

이유야 무엇이든 성공하려면 현장에서 누군가를 만나 '회사, 아이템, 서비스'를 얘기하는 사람, 그것도 많이 하는 사람이 되어야 한다. 만나야 할 고객이 정해져 있다면 누구나 현장으로 갈 수 있다. 하지만 무작정 니즈 있는 고객을 찾아 나서는 개척 영업은 사정이 다르다. 하루, 일주일, 한 달은 엉겁결에 할 수 있고 그사이 니즈 있는 고객을 만나면 재미라도 있겠지만 그건 아무도 장담할 수 없다. 그래서 지속하기 위해서는 날마다 큰 용기와 에너지가 필요하다.

"제가 대표님 같은 상황이었다면 간절한 마음이 있었을 텐데, 솔직히 저는 현재 그런 상황은 아닙니다. 그래도 답은 현장에 있다는 걸 아니까 현장으로 나가서 시장 개척을 하려고 노력하는데, 그게 유지가 잘 안 됩니다. 이럴 땐 어떻게 해야 합니까?"

"참 좋은 질문을 하셨습니다. 어쩔 수 없다면 모를까 일부러 극심한 가난과 실패를 경험할 필요는 없습니다. 한 가지 묻겠습니다. 혹시 영업을 선택한 이유가 무엇입니까?"

"저는 부족하진 않았지만 그렇다고 풍족하지도 않은 가정에서 자랐습니다. 그런데 막상 결혼해서 아이를 낳고 보니 평범하게 사는 것도 쉬운 일이 아니더군요. 아이들이 크면서 돈 들어갈 일은 많아지는데 남편 월급은 한정돼 있고, 제가 뭐라도 해서 애들을 지원해주고 싶어서 일을 시작하게 됐어요."

"네, 충분히 이해가 됩니다. 혹시 본인 영업이 잘 안돼서 아이들을 뒷바라지해주지 못하면 밤잠도 못 자고 죽도록 괴로울 것 같으세요?"

"아뇨, 그럴 것 같진 않은데요…."

이분과 내가 다른 점은, 자신의 영업이 잘 안돼서 지금의 현실이 미래로 쭈욱 이어진다고 해도 그다지 절망적이거나 죽을 만큼 괴롭지 않다는 사실이다. 그러니 어려움이 산재한 개척 현장의 허들을 뛰어넘지 못하는 것이다.

현장은 그야말로 가시밭이다. 걸을 때마다 여기저기 찢기고 찔린다. 그래도 답은 현장에 있으니 그 길을 걸어야 한다. 어제의 뼈아픈 고통을 참아내고 오늘도 나에게 수많은 아픔과 고통을 선사(?)할 현장으로 다시 가기 위해서는 자기만의 강력한 동기 부여가 반드시 필요하다.

나는 현장의 두려움과 아픔을 넘어서기 위해 '미래의 절망'을 에너지로 사용했고, 그 힘으로 현장의 가시밭길을 날마다 통과할 수 있었다. 현장으로 가는 발걸음이 도저히 떨어지지 않는다면, 내가 했듯이 '미래의 절망'을 에너지로 사용해보기를 추천한다. '완전한 절망은 희망이 된다'는 말은 사실이다.

02

흙탕물에 빠진 반지 찾는 법

소중한 결혼반지가 물에 빠졌다. 불행히도 흙탕물이라 한 치 앞이 보이지 않는다. 이런 상황에서 반지를 찾을 수 있는 가장 빠른 방법은 무엇일까? 무작정 손을 넣어 이리저리 더듬어보는 것일까? 아니면 부유물이 가라앉아 맑은 물이 될 때까지 참고 기다리는 것일까?

답은 후자다. 어디 있는지도 모를 반지를 찾기 위해 손을 넣어 휘적거리면 물이 더 탁해져서 반지의 행방을 찾기가 더더욱 어려워진다. 불순물이 가라앉아 시야가 확보될 때까지 기다리는 것이 최선의 방법이다. '이러다 반지를 찾지 못하면 어떡하지?'라는 조바심에 사로잡혀 물속에 손을 넣는 순간, 반지를 찾을 확률은 더 낮아진다.

『멈추면 비로소 보이는 것들』이라는 혜민 스님의 책이 있다. 제목 그대로 멈출 때 보이는 것들이 있다는 내용이다. 거꾸로 멈추지 않으면 볼 수 없다는 뜻이기도 하다. 나는 지금에 와서야 이 문장의 진정한 의미를 조금 알 것 같다.

살다 보면 생각하는 대로 인생이 풀리지 않을 때가 많이 있다. 스물넷에 영업을 시작한 후 십 년 동안 줄곧 그랬다. 어떻게든 돈을 벌어서 먹고살아야 한다는 마음뿐이었다. 근본적인 이유도 모른 채 이거 하다 안되면 저걸 하고, 그러다 안되면 또 다른 걸 하는 상황이 반복됐다. 하지만 그럴수록 인생은 더 꼬여갔다. 지하에는 끝도 없는지 아래로 아래로 내려가다 보니 마음은 진흙탕이 되어 아무것도 보이지 않고, 도대체 지금 인생의 어디쯤에 있는 것인지 가늠조차 되지 않았다. 아침에 눈이 떠지면 지하방 벽에 기댄 채 멍하니 천장만 바라보았다.

돌이켜보면 그때 내게 필요했던 것이 바로 '멈춤'이고 '쉼'이었다. 잠시라도 멈추어서 머릿속의 뿌연 불순물이 가라앉기를 기다려야 했다. 그랬더라면 내가 처한 현실을 또렷이 직시했을 것이고, 나에게는 '절대 반지'와 같은 '확률세일즈'라는 답을 더 빨리 찾을 수 있었을 것이다.

멈춤은 실패가 아니라 생각과 마음에 평온을 가져다주는 '용기' 있는 행동이다. 평온한 상태일 때 비로소 눈앞의 현실을 좀 더 객관적이고 합리적으로 볼 수가 있다. 현명한 선택도 그러한 직시에서

비롯된다.

혹시 지금 과거의 나처럼 칠흑 같은 어둠 속에서 이곳저곳을 더듬고만 있다면, 올가미 같은 현실에서 벗어나기 위해 안간힘을 쓰며 발버둥 치고 있다면, 인생의 낙오자가 되는 건 아닐까 한없이 우울하기만 하다면, 당신의 반지는 흙탕물에 빠진 상태다.

이럴 때는 어떻게 해야 하는가? 허둥지둥하면서 흙탕물 속을 휘젓고 있는 손을 일단 멈추고 마음속의 염려와 불안이 가라앉을 때까지 기다려야 한다. 기다림의 시간이 지옥같이 느껴지더라도 견뎌라. 견디면 많은 것들이 명료하게 보이는 때가 반드시 찾아온다. 그런 후에 무엇인가를 선택해도 늦지 않다.

브레이크가 고장난 채 질주하는 차는 결국 끔찍한 사고를 내고 만다. 차를 멈춰 세울 수 없다면 뛰어내리는 것 말고는 답이 없다. 그러므로 브레이크가 고장나기 전에 잠시 차를 세워보자.

닥치고 쉬는 것. 당신의 절대 반지를 찾는 가장 빠른 길이다.

03

영업은 사냥꾼이 아닌 농부처럼

고 신해철 형님은 학창 시절부터 지금까지 나의 멘토다. 나는 특히 형님의 인생과 음악에 관한 철학에 많은 영향을 받았는데, 언젠가 방송에서 했던 말이 지금도 기억난다.

"살다 보니 순위 프로그램에서 1등 해서 기분 좋은 건 한 2주 가데요. 연말에 상 받고 어쩌고 하는 건 한 3주 가고요. 근데 녹음하고 콘서트 할 때 고생한 건 거의 평생 가요.

결과에 집착하면 자꾸 짜증도 나고 싫증도 나고 하지만, 사실 중요한 건 과정이거든요. 항상 결과는 짧게 나타나지만, 과정은 훨씬 더 길잖아요. 그러니 행복하려면 과정이 재미있어야 해요. 그런데 사실 그게 잘 안되죠. 불안하고 힘드니까요.

그래서 전 과정을 더 즐기려고 노력해요. 훌륭한 사람보다는 행복한 사람이 되고 싶어서요."

결과는 짧고 과정은 길기 때문에 과정을 즐기려고 노력한다는 이 말이 가슴에 와닿는 이유는 인생을 관통하는 진리가 그 속에 있기 때문이다.

과거에 나는 영업을 'hunter'처럼 했다. 과정 없이 결과만을 좇는 사냥꾼이 되어 날마다 먹잇감을 찾아 여기저기 헤맸다. 하지만 그런 나를 비웃듯 잘도 도망치는 먹잇감의 뒤꽁무니만 바라보며 거의 매일 밤 주린 배를 붙잡고 몸부림치다 잠들었다. 그런데도 날이 새면 또 오늘은 왠지 어떤 먹잇감이든 잡을 수만 있을 것 같은 헛된 꿈에 사로잡혀 다시 사냥에 나섰다.

그렇게 굶주린 사냥꾼으로 10년을 허덕이다 어느 날 밭에서 열심히 일하는 'farmer'를 보게 됐다. 종일토록 허리 한 번 펼 새 없이 구슬땀을 흘리며 밭을 일구는 농부의 얼굴은 강한 볕에 검게 그을리고, 이마엔 깊은 주름이 밭고랑처럼 새겨져 있다. 밤이 되면 고된 노동의 대가로 여기저기 쑤시는 육신을 막걸리 한 잔으로 달래며 잠이 들고, 이른 새벽이면 언제 그랬냐는 듯 훌훌 털고 일어나 다시 밭으로 향한다.

단 하루도 고단하지 않을 날 없는 일상을 365일 묵묵히 이어가는 농부의 삶이 미련스러워 보였다. 그러나 여름의 열기가 잦아들고 시원한 바람이 불어오는 가을이 되자 두 팔 가득 결실의 기쁨을 안고 환하게 웃음 짓는 주름진 농부의 얼굴을 보면서 그동안 왜 그토록 미련하게 일했는지 이해가 됐다.

그리고 비로소 나도 hunter가 아닌 farmer의 삶을 살기로 결심했다. 창과 활을 내려놓고 호미와 쟁기를 잡기로 한 것이다. 그렇게 결과에 대한 집착에서 벗어나자, 인생을 대하는 태도에 변화가 일어났고 영업도 훨씬 수월해졌다.

물론 아침부터 저녁까지 이어지는 노동은 결코 만만하지 않았다. 농부가 뙤약볕과 사투하듯 매일 거절과 냉대를 온몸으로 감내하며 현장이라는 밭에 씨를 뿌려야 했다. 파종조차 쉽지 않은 척박한 땅에서 종일 비척거리다가 쓸쓸히 집으로 돌아가자면 한없이 외롭고 슬펐다. 그래도 다음 날이면 어김없이 또 씨를 뿌리러 나가고, 씨앗이 잘 자라도록 비바람을 막고 거름을 주면서 성실한 농부의 삶을 계속해나갔다.

예전에는 오로지 결과를 중심에 두었다면, 농부가 되기로 마음먹고 나서는 내게 주어진 시간에 최선을 다하는 것, 즉 과정이 우선순위가 되었다. 그러다 보니 모든 시간이 소중하고, 그 시간들을 오롯하게 살아가는 것이 가장 중요해졌다. 아마 그래서 신해철 형님의 얘기에 훨씬 더 공감이 가는 것일 게다.

물론 주위에는 "과정이 좋으면 뭐합니까? 결과가 나쁘면 끝난 거죠"라고 말하는 결과 지상주의자들이 여전히 있지만, 이제 나는 그런 말에 동의하지 않는다. 일을 하다 보면 과정은 좋은데 결과가 안 좋을 수도 있고, 과정은 좋지 않았지만 좋은 결과가 나오기도 한다. 하지만 그런 일은 그저 어쩌다 일어날 뿐 결코 지속적이지 않다. 우연을 일상적인 것으로 여기는 태도는 잘못이다.

영업으로 밥 먹고 살면서 성공하려면 반드시 farmer가 되어야 한다. farmer는 과정을 충실히 이행하는 사람이다. hunter인데 성공한 사람은 본 적이 없지만, farmer인데 성공한 사람들은 직간접적으로 많이 보았다. 과정을 중요시하고 즐기며, 올바른 과정을 하나씩 만들어가는 것에 의미를 두면 고객이 생긴다. 그리고 그 고객이 또 다른 고객을 소개하면서 돈이 따라오는 선순환 구조가 형성된다.

오늘 일한 결과가 내일 나타나지 않고, 지난주에 일한 것이 이번 주의 실적으로 드러나지 않는다고 호미와 쟁기를 내던지지 마라. 오히려 매일 새벽 부지런히 밭으로 향하는 농부를 떠올리며 한 번 더 호미질을 하고 쟁기질을 해라. 내가 뿌린 씨가 모두 풍성한 작물로 자라지 않는다 해도 반드시 어느 정도의 수확은 있기 마련이다.

농사를 짓다 보면 태풍이 몰아쳐 1년 내내 지은 농사를 망치기도 하고, 알지 못할 병으로 자식 같은 농작물이 말라 죽기도 한다. 하지만 그런 일은 어쩌다 생기는 것이다. 그렇다고 농사 자체를 포기해서야 되겠는가.

　누가 뭐라든 묵묵하게 밭을 일구는 농부가 결국은 풍성한 결실을 맺는 것이 세상의 이치다. 절대 그것에 의심을 품지 말고, 오늘부터 쟁기와 호미를 잡는 현명한 farmer가 되기를 바란다.

04

돈을 많이 버는 것과
부자가 되는 것은 다르다

내 서재의 한 귀퉁이에는 아주 소중한 보물 같은 섹션이 있다. 바로 2009년부터 지금까지 16년째 써온 가계부를 모아놓은 곳이다. 가끔 예전 가계부를 들춰보다가 당시의 수입과 지출 내역이 빼곡히 적힌 걸 보면, 그동안의 경제적 성장과 함께 열심히 살아온 세월의 흔적에 사뭇 자부심을 느끼곤 한다.

영업 강의를 하거나 상담 코칭을 할 때도 빼놓지 않고 가계부 얘기를 한다. 이유는 간단하다. 영업을 아무리 열심히 해서 돈을 많이 벌어도, 그 돈을 남기지 않으면 아무런 소용이 없기 때문이다.

"치과 원장을 몇 십 년 했는데 건물 하나 남은 게 없습니다. 요즘

에야 경제 관련 책들을 보면서 젊은 시절에 왜 이런 책을 보지 않았는지 정말 뼈저리게 후회하고 있습니다. 돈을 많이 버는 것과 부자가 되는 건 다르고, 돈을 얼마나 많이 버느냐보다 얼마를 남기느냐가 더 중요하다는 걸 이제야 절실히 느끼는 중입니다."

지인인 치과 원장님이 식사 자리에서 한 말인데, 무척 공감이 된다. 그런데 과연 이게 이 원장님만의 문제일까?

"작년 수입이 얼마나 됩니까?"

"월 2~3천만 원씩 꾸준히 벌었으니, 평균 3억 정도는 되는 것 같습니다."

"와우, 그 정도라면 상위 1%는 됩니다. 그럼, 혹시 얼마가 남았나요?"

"사실 제가 그게 문제예요… 벌기는 많이 번 것 같은데, 지금 와서 보니까 제 손에 실제로 쥐고 있는 게 거의 없더라고요."

이런 대답을 하는 영업인들이 너무 많다. 그 정도의 수입을 올리기까지 얼마나 많은 노력과 열정을 기울였을지 눈으로 보지 않아도 짐작하고 남는다. 그런데 그렇게 애써 번 돈이 썰물처럼 빠져나가 남은 게 없다니, 허탈한 일이 아닐 수 없다.

월 500만 원을 벌어서 300만 원을 사용하고 200만 원을 저축하는 사람과, 월 2,000만 원을 벌어서 2,000만 원을 사용하고 저축이 0인 사람이 있다. 시간이 흐른 후 둘 중 누가 부자가 되겠는가? 나도 예전에는 돈만 많이 벌면 저절로 부자가 되는 줄 알았다. 그런데 결코 그렇지 않다는 걸 16년간 가계부를 쓰면서 알게 되었다.

이제 막 영업을 시작한 사람들은 화려한 모습의 선배 영업인들이 한없이 부러울 수 있다. 온몸을 명품으로 휘감고 좋은 차를 타고 다니면서 가는 곳마다 환영받는 모습을 보면 '나도 저렇게 되고 싶다'는 꿈이 생긴다. 나도 이삼십 대 시절에는 그런 모습을 부러워하면서 스스로에게 동기를 부여하곤 했다. 이런 것들이 긍정적인 면이 있는 건 맞다.

그런데 알아야 할 것이 있다. 과연 보이는 모습이 모두 진실인지 한 번쯤 생각해봐야 한다. 겉으로 드러나는 그 모든 것을 감당할 수 있을 만큼 실제로 적당한 수입과 지출의 균형이 이루어져 있을까? 남은 자산으로 적절한 재테크를 운용하고 있을까? 아니면 전혀 실속 없는 허풍과 허세일까?

세상은 보이는 게 전부가 아닐 수 있다. 정말로 보고 배워야 할 것은 '본질'이며, 아니다 싶은 것에 대해서는 확실히 선을 그을 줄 아는 경제적 자기 주관이 있어야 한다.

아내와 첫 데이트하던 날 술자리에서 있었던 일이다. 눈이 펑펑 오는 겨울날 포장마차에서 술잔을 기울이며 이런저런 얘기를 나누다 보니, 어느새 각각 소주 2병씩을 마시게 됐다. 약간 취기가 올랐지만 이대로 헤어지긴 아쉬운 마음에 "한 병 더 할까요?"라고 동의를 얻고 소주를 한 병 더 시키면서 "사장님, 대합 수제비 국물이 다 식었어요. 이것도 좀 데워주세요"라고 말했다.

그렇게 소주를 한 병 더 마시고 헤어졌는데, 시간이 지나 지인들과 술을 마시는 자리에서 아내가 그날 얘기를 했다.

"아니, 보통 남자들은 여자하고 처음 데이트할 때 좀 있어 보이고 싶어 하잖아요. 나는 소주를 시킬 때 안주를 하나 더 시킬 줄 알았어요. 그런데 건더기는 하나도 없고 국물도 거의 다 먹어서 없는 수제비탕을 그냥 데워달라고 하고 마는 거예요. 그걸 보면서 처음엔 '이 사람 대체 뭐지? 돈이 없나?' 싶었죠. 그런데 생각해보니 처음으로 데이트하는 여자한테 이 정도면 적어도 돈을 함부로 쓰지는 않겠구나 싶더라고요."

아내의 말에 나는 물론이고 다들 얼마나 웃었는지 모른다.

취중에도 소주 한 병을 더 먹기 위해 안주 하나를 더 시키는 것은 좀 낭비라는 생각을 했던 것이지, 돈이 없거나 인색해서가 아니었다. 가계부를 매일 쓰다 보니 자연스럽게 얻은 습관이다.

돈을 많이 벌려고 하는 것은 아주 좋은 일이다. 그런데 그 노력과 함께 그 돈을 남기려는 노력도 시작해야 한다. 그 출발이 가계부다. 그리고 재테크 공부도 꾸준히 해야 한다. 돈을 많이 벌면 그때부터 하겠다는 사람들도 있는데, 그때는 늦다. 지금부터 해야 수입이 커질 때 돈을 남길 수 있다. 단시간에 부자가 되는 일은 세상에 없고,

지금보다 10배를 벌더라도 돈을 남기지 않으면 재정적인 안정을 누릴 수 없다.

부자 되는 원리는 간단하다. 버는 돈보다 쓰는 돈이 적으면 돈이 쌓이고, 그렇게 시간이 지나면 부자가 되는 것이다.

05

당신의 가슴속에는
dream이 있는가, wish가 있는가?

친구와 술을 한잔하는데 옛날얘기를 꺼낸다.

"야, 야심한 밤에 네가 나 데리고 BMW 매장에 자주 갔잖아. 그리고 제일 큰 7 시리즈 탈 거라고 많이 얘기했잖아."

20대 시절 강서구청 사거리에 있던 BMW 매장을 한밤중에 자주 보러 갔었는데, 내가 자기를 데려가곤 했다는 이야기다. 아주 잊고 있었는데, 그 말을 들으니 새삼스럽게 옛날 생각이 났다.

사람은 누구나 꿈이 있다. 나 역시 쥐뿔도 없어도 꿈 하나만은 누구보다 충만하던 시절이 있었다. 사실 나는 지금도 꿈에 관해 이야기기를 좋아하고, 꿈이 통하는 사람과 대화를 나눌 때 가장 신이 난다.

그런데 얘기를 나누다 보면 적잖은 이들이 dream과 wish를 혼동하는 것 같다. 이 둘은 비슷해 보이지만 전혀 다르다. 나에게 dream이란 이루지 않으면 죽을 것처럼 고통스러운 것이고, wish는 그렇게 되면 좋겠다는, 글자 그대로 바람일 뿐이다.

"작년 연봉이 얼마 정도였나요?"

"6~7천만 원 정도 됐습니다."

"아, 그래요? 그럼 빨리 MDRT*로 가야죠?"

"당연히 가고야 싶죠."

"갈 수 있는 방법을 알고 있는데, 알려드릴까요?"

"네, 알려주십시오."

"혹시 MDRT 안 가면 죽을 것 같습니까?"

"아니요, 죽을 것 같진 않은데….."

안타깝지만 이 상태라면 앞으로도 MDRT를 가긴 어렵다. 이분에게 MDRT는 반드시 해내야 할 dream이 아니고 안 되어도 상관없는 wish이기 때문이다.

사람들은 누구나 바람을 가지고 산다. 24평 아파트에 사는데 아이들이 커가니 3~40평대 넓은 집으로 이사를 가고 싶고, 10년 된 낡은 자동차를 최신형 전기차로 바꾸고 싶고, 명절에 양가 부모님께

---

* Million Dollar Round Table(백만 달러 원탁회의). 생명보험업계 고소득 보험설계사들이 모인 전문가 단체.

5~10만 원이 아니라 50~100만 원씩 시원하게 드리고 싶고, 1년에 한두 번은 해외로 가족여행을 다니고 싶고, 애들이 먹고 싶은 거 먹고 입고 싶은 거 입게 해주고 싶고, 먹고살 걱정 말고 정말로 좋아하는 일을 하라고, 나머지는 엄마 아빠가 다 책임지겠다고 말해주고 싶다.

그러나 이런 바람들이 현실에서 저절로 이루어지는 것을 본 일이 있는가? 주위를 아무리 둘러봐도 이런 걸 쉽게 했다는 얘기는 들어본 적이 없다.

나의 꿈은 '선택의 자유가 있는 삶'을 사는 것이다. 그래서 영업을 선택했고, 지금까지 왔다. 하지만 현실에서 dream을 만나러 가는 길은 결코 쉽지 않았다. 밥을 먹지 못할 만큼 극심한 고통과 실패와 가난을 겪으면서 포기하고 싶을 때가 한두 번이 아니었다.

참다 참다 더 이상 견딜 수가 없어 꿈을 포기하고 현실을 선택하려 했을 때, 나는 나의 꿈이 절규하는 소리를 들었다.

'난 네 꿈이야. 네가 만나러 오지 않는다면 아무도 날 만나러 오지 않을 거야. 지금 힘들더라도 조금만 참아줄 수 있겠니? 정말로 조금만 참고 용기를 내주면 안 되겠니? 제발 나를 포기하지 말아줘…'

집 나간 아이를 기다리며 동구 밖에서 애타게 서성이는 엄마처럼, 나의 꿈이 나를 그렇게 기다리고 있다고 생각하니 이루 말할 수 없이 가슴이 아팠다. 그래서 끝끝내 버텼고, 그토록 원하던 꿈을 만나게 됐다.(꿈에 대한 도전은 지금도 계속되고 있다.)

지금과 다른 삶을 살고자 하면 누구나 현실의 저항을 맞닥뜨린다. 10년이나 현실의 거센 저항에 맞서 싸울 수 있었던 것은 내 가슴속에 wish가 아닌 dream이 있었기 때문이다. 그저 바람만을 가지고 있었다면 아마 진즉 포기했을 것이다.

그래서 나는 가슴에 담긴 것이 무엇인지가 인생과 영업의 성공을 결정한다고 믿는다. 당신의 마음에는 꿈이 담겨 있는가, 바람이 담겨 있는가? 구별법은 아주 간단하다. 이루지 못하면 너무나 고통스럽고 삶의 이유가 없을 것 같은지, 이룬다면 좋겠지만 꼭 그러지 않더라도 별 지장 없이 살아갈 수 있을 것 같은지.

꿈이 있는 사람은 현장에서 차디찬 거절의 바람을 맞고, 때로는 광풍이 불어 그동안 일궈온 모든 것이 한순간에 날아가고, 도저히 빠져나올 수 없을 것 같은 생의 늪에 빠진다 해도 결국엔 도종환 시인의 시구처럼 "흔들리며 피어나는 꽃"이 된다.

나의 가슴속에 무엇이 있는지 들여다보자. dream인가, 아니면 wish인가?

06

캐파가 완성되는 시간

영업을 하다 보면 실적과 수입이 오락가락할 수 있다. 일이 계속 잘될 수만은 없으므로 업앤다운이 있는 것은 너무나 자연스러운 현상이다.

그런데 일을 꾸준히 하다 보면 영업인마다 다르긴 해도 자신만의 캐파(capacity, 일정한 용량, 능력)가 만들어진다. 엄청난 노력을 기울이지 않아도 어느 정도의 수입이나 매출이 자연스럽고 일정하게 유지가 되면 캐파가 형성된 것이다. 캐파는 고정되어 있지 않기 때문에 언제든 커질 수도 있고 작아질 수도 있는데, 완성되기까지 최소 6개월에서 1년 정도 걸린다.

예를 들면 월 500만 원 수입을 꾸준히 올리는 영업인이 있는데,

이번 달은 월수입이 1,000만 원이 됐다. 그럼 수입이 2배로 늘었으니 이 사람의 캐파는 월 1,000만 원이라고 보는 게 맞을까? 아니다. 현재는 500만 원으로 보는 게 맞다. 이유는 월 1,000만 원의 수입은 일시적일 수 있고, 그럴 가능성이 높기 때문이다. 캐파는 편안한 가운데 자연스럽게 만들어지는 매출이나 수입의 크기이다. 월 1,000만 원의 수입이 최소 6개월에서 1년 이상 유지되면 그제야 캐파가 완성됐다고 볼 수 있다.

같이 일하던 영업사원 중에 평상시 매월 300만 원 정도의 수입을 버는 직원이 있었다. 그러다 어느 달에 운 좋게도 3,000만 원의 수입을 벌게 됐다. 평상시의 10배가 넘으니 여기까지는 아주 행복한 일이다. 문제는 그다음부터 생겼다. 자신의 캐파가 월 3,000만 원인 것처럼 행동하면서 일을 게을리하더니, 작은 수입이 되는 고객들과의 미팅은 아예 하지 않으려 했다.

"어쩌다 한 번 올린 수입이니 이게 네 실력인 듯 자만하면 안 돼. 그저 운이 좋았을 뿐이야. 정신 차려라."

내가 아무리 이렇게 말해도 들리지 않는 듯했다. 두둑이 들어온 돈을 물 쓰듯 펑펑 쓰기 시작하면서 현장과 점차 멀어져갔다. 그러더니 결국은 몇 달 못 가서 그 돈을 다 써버리고 나중엔 평상시의 월 300만 원 캐파도 유지하지 못하는 신세로 추락하고 말았다. 억세게 좋았던 운이 오히려 불행으로 바뀌어버린 것이다. 안타깝게도 이런 일은 영업에서 흔히 일어난다.

이런 경우도 있다. 수입이 지나치게 들쭉날쭉하는 것이다. 어떤 달은 300만 원, 어떤 달은 1,000만 원, 어떤 달은 500만 원…. 이런 경우엔 어떤 숫자를 캐파로 봐야 할까? 300만 원을 수입의 캐파로 보는 게 맞다. 캐파는 꾸준히 유지되는 것이 중요한데, 이런 업앤다운은 아직 캐파가 완성되지 않은 모습이기 때문에 낮은 숫자를 캐파로 보는 게 현명하다.

그렇다면 캐파를 만들고 유지하는 데 가장 필요한 것은 무엇일까? 바로 '성실함'이다. 캐파는 성실한 사람만이 만들 수 있는 산물이다.

능력이 뛰어나도 성실하지 않으면 일정한 수준의 캐파를 만들 수 없고, 유지하기는 더더욱 어렵다. 앞에서 얘기한 직원의 경우, 월 300만 원에서 월 3,000만 원 캐파로 곧바로 업그레이드가 될 수는 없다. 그러나 일정한 시간이 흐르면서 최소 월 500만 원 혹은 1,000만 원까지 캐파를 끌어올릴 수는 있었을 것이다. 아쉽게도 성실함이 없었기에 기회를 살리지 못했고, 오히려 전보다 못한 결과를 맞게 된 것이다.

운 좋게 로또 같은 큰 수입이 생기는 달이 있다. 이 운이 다음 달로, 또 그다음 달로 이어지면 좋으련만, 그럴 확률은 낮다. 캐파를 만드는 유일한 방법은 날마다 현장에서 고객을 만나서 '회사, 아이템,

서비스'를 얘기하는 것 말고는 없다. 이 시간들이 쌓이고 쌓여서 만들어지는 것이 바로 캐파다.

내 경험을 봐도 그렇다. 2009년 날마다 지극히 성실하게 확률세일즈를 계속했지만 수입은 커지지 않았고, 업앤다운은 1년 가까이 계속됐다. 그러다 12월 처음으로 1,000만 원을 벌게 됐고, 다행히 다음 달도 수입이 줄지 않고 늘어나다가 어느 순간 일정한 지점에 안착을 했다. 꼬박 1년이라는 시간에 걸쳐 나의 캐파가 완성된 것이다.

물론 캐파가 완성됐다고 그 후에 저절로 유지가 되는 것은 아니다. 하지만 성실함이라는 무기를 지속적으로 사용하면 그다지 어려운 일도 아니라는 사실을 경험해본 사람들은 알 것이다. 현재의 수입이나 매출이 최소 6개월에서 1년 이상 꾸준히 유지되고 있는가? 그렇다면 캐파가 완성됐다고 봐도 된다. 그런데 업앤다운이 심하거나 어느 특정한 달에 수입이나 매출이 몰려 있는가? 이건 아직이라고 봐야 한다.

맛집이라고 해서 갔더니 어떤 날은 맛있고 어떤 날은 맛이 없다면, 진짜 실력 있는 요리사가 아니다. 진짜 실력 있는 요리사는 언제나 같은 맛을 낼 수 있는 사람이다.

캐파는 시간을 들여야 만들어진다. 그러니 일시적인 매출이나 수입을 자신의 캐파로 오인해서 샴페인을 빨리 터뜨리는 우를 범하지 말자.

나의 확률세일즈 지수 테스트

나의 확률세일즈 지수 테스트

총 25문항

1. 매일 몇 명의 신규 고객을 만나는가? (   )

   ① 5명 미만 ② 5~10명 ③ 10~20명 ④ 20명 이상

2. 현장에서 '니즈'가 있는 고객을 만났을 때 나의 상태는? (   )

   ① 떨려서 말을 잘 못 한다.

   ② 말은 하는데 상대의 눈치를 본다.

   ③ 눈치 안 보고 할 말을 하는데, 내가 무슨 말을 하는지 잘 모른다.

   ④ 확신을 가지고 심플하게 요약 설명을 한다.

3. 현장에서 고객과 미팅을 하고 어떻게 마무리하는가? (   )

   ① 어서 빨리 이 시간이 끝났으면 좋겠다는 마음뿐이다.

   ② Y/N의 분명한 답을 요구하면서 시간을 알려주고 마무리한다.

   ③ 들어주는 것만으로도 고맙다고 생각하고 마무리한다.

   ④ "시간 날 때 다시 들르겠습니다"는 등의 멘트를 하고 마무리한다.

4. 고객이 Y/N 결정 시간을 약속했고 그 시간이 왔는데 연락이 오지 않으면 어떻게 하는가? (   )

   ① 전화 혹은 방문해서 Y/N의 정확한 답변을 듣는다.

   ② '왜 연락이 안 오지?' 하면서 전화기만 하염없이 바라본다.

   ③ 전화를 해볼까 싶지만 NO할 수 있다는 두려움에 전화하지 못한다.

   ④ 다그치지 않고 고객을 배려하며 무작정 기다린다.

5. 업무를 마친 후 동료와 대화하는데 일 얘기를 하면 나의 반응은? (　　)

　① "머리 아프니까 일 얘기는 그만해"라고 말하고 인상을 쓴다.

　② 주제를 바로 다른 것으로 돌린다.

　③ 일 얘기하는 것은 나쁘지 않지만 솔직히 마음은 무겁다.

　④ 일 얘기를 할 때는 시간 가는 줄 모르고 기쁘게 얘기한다.

6. 잠을 자는 중에 일하는 꿈을 꾸는가? (　　)

　① 꿈 자체를 안 꾼다.

　② 꿈을 꾸지만 일하는 꿈은 거의 꾸지 않는다.

　③ 꿈만 꿨다 하면 일하는 꿈이고 아침에 눈 뜨면 그 꿈에 마음이 설렌다.

　④ 일하는 꿈을 가끔씩 꾸는데 그런 꿈을 꾸면 아침부터 짜증이 난다.

7. 플랜을 짜는 시간은 언제인가? (　　)

　① 플랜 같은 거 안 키운다.

　② 플랜 없이 그때그때 순발력으로 일한다.

　③ 오늘 일하면서 플랜을 짜고 저녁에는 내일의 플랜을 완성한 후 잠이
　　든다.

　④ 오늘의 플랜은 오늘 아침에 짠다.

8. 지금 하고 있는 일이 나에게 가지는 의미는? (　　)

　① 밥 먹고 살기 위해 억지로 하는 것뿐이다.

　② 일이 곧 나의 인생이라고 생각하고 늘 진지하게 임한다.

　③ 현재는 임시직이고 괜찮은 다른 일이 생기면 뜰 생각이다.

　④ 일은 나쁘지 않지만 끝까지 할 일은 아니라고 생각한다.

9. 고객에게 클레임 전화가 오면 나의 반응은? (　　)

　① 최대한 빨리 방문하고 영업 전과 똑같은 자세로 어떻게든 해결하려고
　　 노력한다.

　② 전화를 받되 방문한다는 말만 하고 방문하지 않는다.

　③ 고객 방문은 하지만 영업할 때와는 전혀 다른 자세로 고객의 말을 귀
　　 담아듣지 않는다.

　④ 전화를 피하며 강성 클레임으로 전환해버린다.

10. 수입과 지출에 대한 '기록 관리'를 하고 있는가? (　　)

　① 수입과 지출을 정확히 기록하고 월 통계, 연 통계를 통해 나의 성장
　　 을 확인한다.

　② 한 번도 해본 적이 없다.

　③ 기록은 하지만 꾸준히 하지 않는다.

　④ 꾸준히 기록하는데 통계를 내고 확인하지는 않는다.

11. 일요일 저녁 나의 마음은? (　　)

　① 벌써부터 마음이 무진장 무겁다.

　② 이 밤이 저물지 않기를 간절히 바란다.

　③ 기쁜 마음으로 월요일 플랜을 점검하고 달릴 준비를 한다.

　④ 다음 주 금요일을 생각하며 위안을 삼는다.

12. 개척 영업에 대한 나의 생각은? (　　)

　① 성공하려면 당연히 해야 한다.

　② 지인 영업으로 충분하므로 할 필요가 없다.

③ 해야겠다는 마음은 있지만 솔직히 두렵다.

④ 개척 영업은 해도 안 되는 일이다.

13. 꿈은 나에게 어떤 의미인가? (   )

① 이루면 좋지만 이대로 사는 것도 나쁘지 않다.

② 꿈은 어릴 때나 꾸는 거고 나하고는 상관이 없다.

③ 먹고살기 바빠서 꿈 같은 건 생각할 겨를이 없다.

④ 꿈은 인생을 사는 명확한 목적이고 정확한 방향이기에 반드시 이뤄
야 한다.

14. 나의 제안을 고객이 거절하면 그 뒤로 어떻게 하는가? (   )

① YES할 때까지 계속 들이댄다.

② 몇 번 재방문하고, 그래도 NO하면 그때 포기한다.

③ 툴툴 털고 바로 다른 고객을 찾아 나선다.

④ 영업을 포기한다.

15. 자신의 일에 대한 원칙이 있는가? (   )

① 분명한 원칙이 있고, 한번 세운 원칙에 예외를 두지 않는다.

② 원칙은 있지만 예외가 늘 있다.

③ 원칙이란 단어는 사전에만 있을 뿐이다.

④ 원칙은 고지식한 것이고 일하는 현장에는 맞지 않는다.

16. 일을 하는데 고객에게 YES라는 전화를 받았을 때 나의 반응은? (   )

① 일을 바로 접고 사무실로 복귀해 쉰다.

② 힘을 받았으니 더 열심히 일하는 자세로 다시 일에 임한다.

③ 떨리는 마음을 진정하기 위해 축배를 들러 간다.

④ 수입은 들어오지 않았지만 바로 지출을 시도한다.

17. 월요일 아침에는 어떻게 움직이는가? (   )

① 몸과 마음이 천근만근이라 일단 오전에는 쉬고 오후부터 일을 시작한다.

② 최대한 빨리 몸과 마음을 현장에 적응시키기 위해 일찍부터 일을 시작한다.

③ 월요일은 웬만하면 일을 하지 않는다.

④ 일은 오전부터 하지만 마음은 계속 집에서 쉬고 있다.

18. 목표를 세운 후 그 목표에 임하는 나의 자세는? (   )

① 남들 눈치 보며 목표를 외치지만 정작 그 뒤로 생각은 안 한다.

② 일주일 정도는 목표 달성을 위해 열심히 하지만 그 뒤로는 흐지부지 된다.

③ 아침에 눈을 뜨는 순간부터 잠드는 순간까지 늘 목표를 생각하고 일한다.

④ 일일 목표, 한 주 목표, 한 달 목표, 연간 목표는 세세히 잘 세우지만 실천은 안 한다.

19. 한 달 독서량은? (   )

① 4권 이상

② 2~4권

③ 1~2권

④ 책하고 담쌓은 지 오래됐다.

20. 책을 읽고 나서 나의 반응은? (   )

① 저자의 경험을 내 경험으로 만들기 위해 그대로 실천해본다.

② 책 덮으면 끝이다.

③ 책은 지식을 쌓기 위한 것이라 생각하고, 또 다른 책을 계속 읽는다.

④ 내용 정리는 하지만 실천하지는 않는다.

21. 지금껏 일을 하면서 후회 없는 1년이 있는가? (   )

① 있다.

② 없다.

③ 있지만 1년은 안 된다.

④ 앞으로 만들 계획이다.

22. 영업일지를 기록하고 있는가? (   )

① 기록할 때도 있고 안 할 때도 있다.

② 날마다 기록하고 하루를 마무리한다.

③ 기록은 하는데 한꺼번에 몰아서 한다.

④ 영업일지에 쓸 게 없어서 안 쓴다.

23. 누군가 지금의 나를 복제한다면 그 사람은 성공할 수 있을까? (   )

① 솔직히 그렇지 않다.

② 시간이 많이 걸릴 것 같다.

③ 많이 바뀌어야 성공할 것 같다.

④ 성공할 수 있다고 확신한다.

24. 날씨가 무덥거나 춥거나, 몸 컨디션이 난조일 때 현장에서 나는 어떻게 행동하는가? (　　)

① 몸이 재산이니 일단 쉴 곳을 찾는다.

② 평소 하던 대로 묵묵히 오늘 나의 할 일을 한다.

③ 고객 관리를 핑계로 시원한 곳, 따뜻한 곳, 쉴 곳을 찾아간다.

④ 아예 현장에 나가지 않고 사무실에서 푹 쉰다.

25. 일에 대한 나의 열정이 떨어지는 이유가 무엇이라고 생각하는가? (　　)

① 내부의 적이 많기 때문이다.

② 원래 감정 기복이 심한 편이다.

③ 고객이 거절하기 때문이다.

④ 현장에서 몸과 마음이 멀어져 있기 때문이다.

정답과 해설

1. ④
각자의 기준이 있습니다. 이건 불특정 다수를 향한 개척 영업 시에 제가 했던 숫자입니다. 많으면 많을수록 좋습니다.

2. ④
자신의 '회사, 아이템, 서비스'에 대한 전문성을 고객의 언어로 쉽게 표현하는 훈련을 평상시에 많이 해놓아야 합니다.

3. ②
현재 고객과 있는 시간과 장소가 아니라 현장을 벗어나서 전화 혹은 문자로 요구하면 거절을 할 확률이 높아집니다. 그러니 웬만하면 현장에서 요구하는 게 좋습니다.

4. ①
굳이 방문이나 전화를 하지 않아도 '거절'이라는 확신이 올 때가 있습니다. 그러나 확인을 분명히 하는 게 좋습니다. 자신의 일을 명확히 마무리하는 습관을 들이는 게 중요합니다.

5. ④
타이거 우즈에게 골프, 마이클 조던에게 농구는 무엇일까요? 인생입니다. 직업은 돈을 버는 수단을 떠나서 인생이 되어야 합니다.

6. ③
집중하고 사랑하면 꿈에 나타납니다. 일하는 꿈을 꾸는 건 그만큼 집중하고 있다는 뜻이고, 성공이 멀지 않았다는 증거입니다.

7. ③
아이들이 1년에 두 번 알아서 눈 뜨고 학교 가는 날이 있습니다. 바로 운동회와 소풍날입니다. 플랜이 명확하게 있어야 다음 날 아침 일찍 눈이 떠집니다. 없으면 계속 졸음이 쏟아집니다.

8. ②

일이 인생이 되면 성공 확률이 높고, 쉽게 지치지 않습니다.

9. ①

영업 전과 후가 같은 모습이어야 합니다. 달라지면 고객은 큰 배신감을 느끼고 소개도 해주지 않습니다.

10. ①

돈을 버는 것도 중요하지만 기록을 남기는 것도 중요합니다. 기록을 통해서 숫자로 자신의 성장을 확인하면 스스로 열정이 생깁니다.

11. ③

휴식을 취하고 나면 모든 정신적, 육체적 감각이 떨어집니다. 월요일부터 빨리 감각을 찾는 게 중요합니다.

12. ①

시장의 한계는 분명히 있습니다. 개척은 거대한 바다에 낚싯대를 드리우는 것과 같습니다. 어떤 대어가 낚일지는 아무도 모릅니다.

13. ④

꿈이 없는 사람이 성공하는 경우는 없습니다. 영업도 마찬가지입니다.

14. ③

선택은 고객의 몫입니다. 자신의 의사를 분명히 밝혔다면 존중하고 니즈 있는 다른 고객을 찾아 나서는 게 현명합니다.

15. ①

자신만의 기준을 세우고 일하는 것은 아주 중요한 일입니다. 스스로 세운 원칙을 날마다 지켜나가면 '자신감'이라는 큰 선물을 얻게 됩니다.

16. ②

고객의 YES를 듣게 되면 심리적으로 든든한 갑옷을 입게 됩니다. 이때는 다른 고객에게 거절을 당해도 아픔이 전혀 느껴지지 않습니다.

17. ②

5일 중에 가장 중요한 요일은 월요일입니다. 최대한 빨리 몸과 마음을 현장에 적응시켜야 합니다.

18. ③

목표는 자신과 자주 눈을 마주치는 사람에게 다가갑니다.

19. ①

가급적이면 책을 많이 읽는 게 좋다는 뜻으로 생각하면 됩니다. 책 속의 지혜를 배우면 성공의 시간을 아주 많이 앞당길 수 있습니다.

20. ①

책을 읽는 것도 중요하지만, 더 중요한 것은 내 삶에 적용하는 것입니다. 변화는 적용을 할 때 생깁니다.

21. ①

영업은 오래 한다고 성공하는 일이 아닙니다. 임팩트 있는 1년이면 충분히 가능한 일입니다.

22. ②

기록하는 것만이 역사가 됩니다.

23. ④

저(정원옥)를 복제하면 어떤 영업을 하든 성공합니다. 그런데 지금 ④번이 아니라면 여러분은 적어도 ③번은 되어야 합니다. 사람이 양심을 속일 수는 없습니다.

24. ②

성실함은 영업의 최고 무기입니다.

25. ④

현장에서 멀어지면 꿈에서 멀어집니다.

나의 확률세일즈 지수

- 60점 이하

모든 고수들도 여기서부터 시작했답니다. 한 걸음씩 앞으로!

- 64~72점

중수의 길로 들어서는 단계! 이제 한 발 더 도약할 차례입니다!

- 76~80점

슬슬 고수의 경지에 가까워지고 있어요. 눈앞의 성과가 확실히 보이는 위치!

- 84~88점

영업 고수의 문턱! 마지막 디테일 하나만 더 챙긴다면, 진정한 영업 마스터!

- 92~100점

명실 공히 영업의 고수! 진정한 레전드의 탄생입니다!